AtV

Jean Pierre Barthélemy Rouanet (1747–1837) wurde als elftes und jüngstes Kind eines wohlhabenden Tuchfabrikanten in Toulouse geboren. Von den Eltern zum Geistlichen bestimmt, entflieht er dem theologischen Seminar und läßt sich mit knapp 16 Jahren als Rekrut anwerben. Was sich anschließt, ist ein regelrechter Feldzug der Familie, die nicht davor zurückscheut, den jungen Mann mehrfach ins Gefängnis zu bringen, ja regelrechten Torturen auszusetzen, und ihn erneut den Soldaten zutreibt. Schließlich desertiert er in die Schweiz. Preußische Werber bringen ihn nach Potsdam, wo er durch Friedrich den Großen höchstpersönlich zum Französischlehrer am Pagenhaus avanciert. 1781 wird er Kanzlist in Beeskow. Zum Stadtkämmerer aufgestiegen, sucht er zwischen 1806 und 1813 die Lasten der napoleonischen Besetzung für die kleine märkische Stadt zu mildern und größeres Unheil von ihr abzuwenden. Allseits geachtet, stirbt er hochbetagt in Beeskow.

Rouanet, Franzose und Märker, Katholik im protestantischen Brandenburg, ist der Großvater von Emilie Fontane. Auch im Blick auf diese Herkunft sprach Fontane einmal von der »romanhaften Lebensgeschichte« seiner Frau.

Rouanets Erinnerungen, die er als 75jähriger Mann verfaßt hat, sind ein Abenteuerroman reinsten Wassers und zugleich ein Zeitbild Frankreichs und Preußens zwischen 1760 und 1813. Flucht, Verfolgung und Verhaftung stehen am Beginn dieses ungewöhnlichen Schicksals, das in dem märkischen Beeskow seine Erfüllung findet. Die Härte seines Lebens wird gemildert durch Frauengunst und den Aufstieg zu Wohlstand und öffentlicher Anerkennung. Im Nachwort zu dieser ersten Neuausgabe seit 1904, als Fontanes Tochter Martha die Aufzeichnungen ihres Urgroßvaters veröffentlichte, würdigt Gotthard Erler die Memoiren als eindringlichen Erlebnisbericht und als hervorragendes Zeugnis der Fontaneschen Familiengeschichte. Er stützt sich dabei auch auf ungedrucktes Material im Potsdamer Theodor-Fontane-Archiv.

Jean Pierre Barthélemy
Rouanet

VON TOULOUSE
BIS BEESKOW

Lebens-Erinnerungen

Aufbau Taschenbuch Verlag

Mit einem Nachwort von Gotthard Erler

ISBN 3-7466-1465-1

1. Auflage 2000

Umschlaggestaltung Torsten Lemme
unter Verwendung eines Gemäldes von Camille Corot, 1838
Satz LVD GmbH, Berlin
Druck Elsnerdruck GmbH, Berlin
Printed in Germany

www.aufbau-taschenbuch.de

Inhalt

I

In Frankreich und der Schweiz

Ich bin am 31. März 1747 auf dem Gute *Septfaux* in der Diözese von St. Pons de Thomière im Languedoc geboren. Dieses meinem Vater gehörige Gut bildete den gewöhnlichen Sommeraufenthalt unserer Familie. Die Wintermonate, vom Dezember bis März, pflegte sie in *Toulouse* zu verleben, wo mein Vater, der eine dort befindliche spanische Tuchfabrik leitete, ein Haus besaß.

Aus der Ehe meines Vaters *Alexis Rouanet* mit meiner Mutter *Elisabeth*, geb. *Houles*, waren elf Kinder hervorgegangen, von denen ich das jüngste bin. Vier Kinder sind im frühen Alter verstorben, sieben dagegen, und zwar drei männlichen, vier weiblichen Geschlechtes, herangewachsen. Meine älteste Schwester hatte (noch vor meiner Geburt) einen Landwehrkapitän und Gutsbesitzer *de Terrail* zu Crusy, meine zweite Schwester einen Dr. med. *Amiel* geheiratet; meine beiden jüngeren Schwestern sind als Nonnen im Kloster gestorben. Von meinen Brüdern ist der älteste, der das Geschäft meines Vaters fortgesetzt hat, zu hohen Jahren gelangt; der zweite, mir im Alter nahe stehende, ist als Student zu Toulouse in einem Duell erstochen worden.

Nach der damals in Frankreich herrschenden Sitte wurde ich gleich nach meiner Geburt der Frau unseres Meiers auf einem bei Septfaux belegenen Vorwerk anvertraut und verblieb bei dieser 14 Monate lang. Die folgende Zeit bis zu meinem achten Jahre verlebte ich bei meiner Mutter und mit meinen etwas älteren Geschwistern unter der Aufsicht einer Gouvernante. Bemerkenswerte Ereignisse aus dieser Zeit sind mir nicht im Gedächtnis verblieben.

Bald nachdem ich das achte Lebensjahr vollendet hatte, kamen mein älterer Bruder und ich in die Obhut unseres Onkels von väterlicher Seite, des katholischen Pfarrers und Superintendenten *Rouanet* zu *Aigues-vives*, um dort für die Universität vorbereitet zu werden. Wir wurden durch einen jüngeren katholischen Geistlichen unterrichtet, der bald darauf eine kleine Pfarre in einem unweit von Aigues-vives belegenen Dorfe erhielt und bei dem wir in der Folgezeit, namentlich an Feiertagen und in der Fastenzeit, öfters verweilten. Meine Erinnerungen an jenen Lebensabschnitt knüpfen sich hauptsächlich an diese Besuche im Pfarrhause unseres Lehrers. Das Haus selbst und das Dorf, in dem es sich befand, waren eine Stunde entfernt von der zugehörigen Kirche, die in einem romantischen Gebirgstale lag; das letztere enthielt noch einige kleinere Ortschaften, die in die Kirche eingepfarrt waren. Ich hatte hier Gelegenheit, mit einigen wohlhabenden Gutsbesitzern zu verkehren, deren Bekanntschaft nicht ohne Einfluß auf meinen ferneren Lebensgang geblieben ist.

Von den Jugendstreichen, die ich während dieses Aufenthaltes bei meinem Onkel verübte, ist mir einer unvergeßlich. Als wir wieder einmal bei unserem Lehrer zum Besuch waren, wurde dieser plötzlich abberufen und ließ uns mit der im Dorfe wohnenden Aufwärterin allein. Da diese in der Kochkunst nicht sehr bewandert war, erbot ich mich, die Mahlzeit zu besorgen, was auch angenommen wurde. In meinem Eifer hatte ich jedoch ein so starkes Feuer angemacht, daß nicht nur die Eier und der Schinken, welche ich in einer Pfanne angerichtet hatte, verbrannten, sondern auch der noch unangeschnittene Rest des Schinkens und einige Lehrbücher, die ich auf dem Herde hatte liegenlassen. Wir waren so bestürzt, daß wir davonrannten. Zum Glück ward uns baldige Hilfe zuteil, so daß das Feuer noch rechtzeitig gelöscht werden konnte. Aber um unsere Mahlzeit waren wir gekommen und mußten nunmehr unsern Hunger mit Brot stillen. Eine schlimmere, aber wohlverdiente Strafe wurde am andern Morgen, nach der Rückkehr unseres Lehrers, über uns verhängt; wir erhielten Schläge und wurden bei Wasser und Brot eingesperrt. Ich, als der eigentliche Urheber des Unglücks, bekam überdies noch an den beiden folgenden Tagen zum Frühstück meine wohl zugemessene Portion Schläge; und zwar wurden diese mit solcher Kraft ausgeteilt, daß ich noch jetzt öfters an sie denke und vermutlich zeitlebens daran denken werde. –

Ich war noch nicht 14 Jahre alt, als ich mit meinem Bruder von Aigues-vives zur *Universität von Toulouse* abging, wo wir in dem *Seminar St. Sulpice* untergebracht wurden. Beide Anstalten wurden von den Jesuiten geleitet, und die letztere ist es wert, daß ich von ihr eine kleine Beschreibung mache.

Es gehörten diesem Seminar damals etwa 700 Studenten an, von denen 400 den Unterricht in der Theologie, die übrigen 300 den Unterricht in der Philosophie genossen. Dementsprechend war auch der Bau der Anstalt in zwei gesonderte Abteilungen zerlegt, die im Innern durch eine Mauer getrennt waren. Die vordere war den Studenten der Theologie, die hintere denen der Philosophie eingeräumt, unter denen auch mein Bruder und ich sich befanden. Jeder Student hatte seine eigene Zelle. Ein Teil dieser Zellen entbehrte jeder Heizvorrichtung; die anderen waren mit einem Kamin versehen, und diese wurden, namentlich wegen der bequemen Gelegenheit zum Kochen und Braten, besonders begehrt, wurden auch etwas teurer bezahlt.

Die Hausordnung im Seminar war beinahe eine klösterliche. Jeden Morgen um 4 Uhr wurden zwei Studenten durch die Hausknechte geweckt, und diese mußten wiederum von einer Zelle zur andern gehen, um ihre Kameraden zu wecken und im Winter deren Lichter anzuzünden. Um $4\frac{3}{4}$ Uhr begab man sich nach dem sogenannten Oratorium, wo wir unter der Aufsicht der Inspektoren unsere Gebete verrichteten. Diese Gebete dauerten bis $5\frac{1}{2}$ Uhr, und von da ging ein jeder nach seiner Zelle, um sich völlig anzukleiden. Punkt 6 Uhr mußten wir uns wiederum im Oratorium einfinden, wo wir die Ausarbeitungen, welche uns den Tag vorher von dem Professor der Universität aufgegeben worden waren, machten. Von 7 bis 8 Uhr wurden wir von den Inspektoren und den übrigen angestellten Lehrern geprüft; und zwar mußte derjenige, welcher hierzu aufgerufen wurde, ohne Widerrede das Katheder besteigen und über die vorliegenden Ausarbeitungen Rede stehen. Es galt also, sattelfest zu sein, wenn man nicht von den Inspektoren, Lehrern und seinen Kameraden ausgelacht oder gar ausgezischt sein und Schande davontragen wollte. Um 9 Uhr gingen wir in den Speisesaal (Refektorium), wo sich ein jeder ein Stück trockenes Brot und ein Glas Wein geben lassen konnte.

Um $9\frac{1}{4}$ Uhr gingen wir in Begleitung eines Inspektors nach der Universität, welche eine Viertelstunde vom Seminar entfernt war, und um $9\frac{1}{2}$ Uhr fingen die Kollegien an. In der ersten halben Stunde wurde von dem Professor diktiert; auf einfachen Bänken sitzend, mußten wir das Diktierte auf unseren Knien nachschreiben. In einer weiteren halben Stunde wiederholte der Professor zur größeren Deutlichkeit das Diktierte mit besonderen Anmerkungen und Auslegungen. Dann mußte wiederum ein durch den Professor hierzu Bestimmter das Katheder besteigen, um sich, wie des Morgens im Seminar, öffentlich über die von dem Professor gewählten Gegenstände prüfen zu lassen. Um 11 Uhr gingen wir in die Messe und begaben uns von dort unmittelbar nach dem Seminar, wo wir Punkt 11 3/4 Uhr uns zu Tisch setzten.

An den sogenannten Fleischtagen, nämlich Sonntag, Montag, Dienstag, Mittwoch und Donnerstag, erhielten wir mittags

1. ein Näpfchen Fleischbrühe mit weißem Weizenbrot,
2. Fleisch nebst Gemüse,
3. zum Dessert Käse, jedoch ohne Butter,
4. Brot, soviel man essen wollte, und
5. 1/4 Flasche Wein.

Freitags und sonnabends wurde kein Fleisch gegessen. Wir erhielten dann eine Linsen-, Erbsen- oder Bohnensuppe sowie ein Gericht von frischen, gesalzenen oder geräucherten Fischen oder auch eine Eierspeise, welche meist sehr gut zugerichtet war.

Nach Tische folgte eine Erholungspause; wir durften springen, tanzen und allerhand Spiele vornehmen, bei denen es natürlich auch an dummen Streichen nicht fehlte. Um 1 1/2 Uhr versammelten wir uns wieder im Oratorium, wo wir, wie des Morgens, unter Anleitung der Inspektoren und Lehrer die Aufgaben des Professors durchgingen. Um 2 1/2 Uhr begaben wir uns zum zweiten Male auf die Universität, wo wir 1–1 1/2 Stunde blieben. Das Verfahren entsprach dem des Vormittags, nur daß wir aus der Universität nicht in die Kirche getrieben wurden. Nach der Rückkehr ins Seminar wurden im Oratorium von 5–6 3/4 Uhr die Ausarbeitungen des Tages durchgegangen. Bis 7 3/4 Uhr verweilten wir dann im Refektorium beim Abendessen, das an den Fleischtagen aus 1/4 Pfund Braten oder Geflügel, meist mit Salat und Käse als Nachtisch, bestand. An den Fasttagen gab es dagegen nur Käse mit Butter, Mandeln und Rosinen, zuweilen auch Obst. Nach dem Abendessen war uns noch eine freie Stunde vergönnt, in der wir spielen und Possen treiben konnten. Um 8 3/4 Uhr wurde das Abendgebet verrichtet, und um 9 Uhr begab sich ein jeder in seine Zelle, wo man sich sofort niederlegen und das Licht löschen mußte. Hierauf wurde mit Strenge gehalten, und täglich gingen die Inspektoren herum, um nachzusehen, ob das Gebot nicht übertreten wurde, was eine Strafe zur Folge hatte.

Bei den gemeinschaftlichen Mahlzeiten mußten zwei von den Studenten der Reihe nach die übrigen an den Tischen sitzenden bedienen, wozu wir die nötigen Schürzen als Küchenjungen erhielten. Ein Dritter mußte das Katheder besteigen und aus der alten römischen und der spanischen Geschichte oder auch aus anderen Werken vorlesen. Diese drei speisten hinterher zusammen und wurden für ihre Mühe dadurch belohnt, daß sie fröhlich plaudern konnten und überdies eine reichlichere und ausgesuchtere Portion erhielten als die übrigen. Wer bei Tische an seiner Portion etwas auszusetzen hatte, gab sie dem Aufwärter zurück, der sie dem an der Mahlzeit teilnehmenden Inspektor zeigte, und bekam je nach Befund eine andere oder mußte sich zufriedengeben.

Des Dienstags und Donnerstags fiel der Nachmittagsunterricht aus. Die Seminaristen gingen dann in einzelnen, von dem betreffenden Inspektor und Lehrer beaufsichtigten Gruppen nach den nahen Dorfschaften spazieren, vorzüglich nach jenen, wo Gutsherrschaften wohnten. Wir belustigten uns dann im Freien mit Ball- und anderen Spielen, um nach einigen Stunden in die Anstalt zurückzukehren und dort weiter zu spielen und zu tändeln, bis die Eßglocke geläutet wurde. Während der Mahlzeit mußte ein dazu ausgewählter Student das Katheder besteigen und sich nicht nur von den Inspektoren und Lehrern, sondern auch von seinen eigenen Kameraden prüfen lassen. Je unwissender er war und je verkehrtere Antworten er gab, desto lauter wurde gelacht. Diese Prüfung dauerte aber nur eine halbe Stunde; dann war es erlaubt, zu plaudern. Wir bekamen an solchen Tagen jedesmal ein Extragericht, und zwar eine mit Fleisch gefüllte kleine Pastete.

Es war an einem dieser Donnerstage, an dem wir einen solchen Spaziergang unternommen hatten, als der unglückliche *Calas* gerichtet wurde. Ich erwähne dieses traurige Ereignis deshalb, weil Calas mit meinem Großvater mütterlicherseits verschwägert war. Die Protestanten von Toulouse waren in großer Erregung, und man hatte deshalb eine Truppenmacht von 3 000 Mann aufgeboten. Als wir auf unserem Rückwege ans Tor kamen, fanden wir dieses geschlossen und mußten wohl eine halbe Stunde warten, bis wir Einlaß in die Stadt erhielten, wo inzwischen die Ruhe wiederhergestellt war.

Zu unserem Seminar hatte kein Frauenzimmer, selbst nicht die Mutter oder Schwester eines seiner Insassen, Zutritt. Wenn eine Frauensperson einen Studenten zu sprechen verlangte, so wurde dieser gerufen; er führte den Besuch alsdann in das am Tor der Anstalt befindliche Sprechzimmer, wo man gegen Bezahlung allerhand Erfrischungen von dem Türsteher beziehen konnte.

Zu den Besitzungen des Seminars gehörte neben mehreren Gütern auch eine schöne, dreiviertel Meilen von der Stadt entfernte Villa, deren großer Garten durch Wasserläufe, Kaskaden und Springbrunnen belebt war. Wir pflegten in den Sommertagen schon des Morgens um 4 Uhr dahin zu promenieren. Wer mit Geld genug versehen war, benutzte hierzu auch wohl die Esel-Extrapost, welche nicht viel kostete, und es war ein schönes Schauspiel, wenn etliche 70 bis 80 Studenten, auf ihren Eseln reitend, ankamen. An solchen Tagen war es uns erlaubt, zu tanzen, zu schäkern und allerhand Späße zu treiben. Das ausgedehnte Gebäude, in dem außer größeren Sälen zahlreiche Zellen sich befanden, enthielt auch mehrere Zimmer für das Billard, Schach- und Damespiel; Kartenspiel war jedoch nicht erlaubt. Unsere Verpflegung an diesem Orte ließ nichts zu wünschen übrig; unsere Portionen waren verdoppelt, auch besser zugerichtet.

Eigentlich diente diese Villa als Sommeraufenthalt für die Inspektoren, Lehrer und diejenigen Seminaristen, welche während der acht- bis neunwöchentlichen Ferien nicht nach ihrer allzuweit entfernten Heimat reisen konnten; letztere führten hier, wenn auch unter Aufsicht, ein recht vergnügtes Leben.

Auch ich und mein Bruder, die wir von dem Sommerwohnsitz unserer Eltern ziemlich weit entfernt waren, hatten den lebhaften Wunsch, einmal an diesem Vergnügen teilzunehmen. Ich war als ein Knabe von 14–15 Jahren dem Klosterleben sehr ergeben und sehnte mich trotz meiner großen Lebhaftigkeit nach einer Zeit behaglicher Stille. Wir hatten daher unsern Onkel, den früher erwähnten Superintendenten zu Aigues-vives, um die Erlaubnis ersucht, die Ferien auf dieser Villa des Seminars zubringen zu dürfen. Ich hatte aber das Unglück, während dieser Ferien von einem hitzigen Fieber befallen zu werden. Einige Tage verbrachte ich in größter Raserei, so daß kaum vier Aufwärter mich im Bette halten konnten und der Arzt selbst an meinem Aufkommen zweifelte. Da sich nach meiner Genesung eine Art von auszehrendem Fieber einstellte, so bestand der Hausarzt darauf, daß ich zu meinem Onkel reisen sollte. Diese Reise machte ich von Toulouse bis nach Cette in dem auf dem Kanal von Languedoc verkehrenden Postschiff. Sowohl auf diesem selbst wie in den auf den einzelnen Stationen eingerichteten Gasthöfen konnte man alle möglichen Bequemlichkeiten finden. Als ich am dritten Tage nach meiner Abreise bei meinem Onkel ankam, konnte mich dieser (so entstellt war ich) kaum wiedererkennen. Ich mußte wohl 14 Tage lang das Bett hüten. Es wurden mir Eselsmilch, Bouillon von Kälberlunge und verschiedene Arzneien verordnet. Die Schwäche hielt jedoch den ganzen Winter hindurch an. Erst im Frühjahr, wo ich alle Morgen eine Bouillon von jungen Hühnern und allerhand jungen ausgepreßten Kräutern trinken mußte und verschiedene andere Arzeneien bekam, fing ich an, mich nach und nach zu erholen. Ich wurde auch völlig hergestellt und in den Stand gebracht, zur Fortsetzung meiner Studien nach Toulouse zurückzukehren.

Bald nach meiner Ankunft im Seminar traf mich jedoch ein neuer Unfall. Gelegentlich eines Baues in diesem waren viele alte Dielen, in denen noch verrostete Nägel steckten, aus den Zimmern entfernt und auf dem Hofe abgelagert worden. Wie ich schon früher erwähnte, war unser Hausbezirk von demjenigen der Theologen durch eine Mauer getrennt. Ich stieg auf diese, um die Theologen neckenderweise mit kleinen Steinen zu werfen. Da diese aber wiederum nach mir warfen, so sprang ich zurück auf jene Dielen, und zwar leider auf einen der darin befindlichen Nägel. Da ich nach damaliger Sitte sehr dünne Schuhe mit niedrigen Absätzen anhatte, so drang mir der Nagel durch die Schuhe wohl einen Zoll tief in die Ferse, so daß ich in Ohnmacht fiel und eine Menge Blut verlor. Der Arzt ließ mich sofort in ein Krankenzimmer bringen und verband mich. Die Schmerzen waren aber beinahe unerträglich. Am anderen Tage waren der Fuß, das Bein und der Schenkel stark geschwollen, und ich konnte mich gar nicht bewegen. In diesem elenden Zustande verblieb ich wohl 14 Tage, bis die Geschwulst nach und nach verging.

Mein Aufenthalt im Krankenhaus verlief übrigens nicht ohne ein weiteres Abenteuer. Ich empfing dort häufige Besuche meiner Kameraden, weil die Fenster der Krankenzimmer direkt auf die Straße gingen und man deshalb viel zu sehen hatte. Auch hatten wir die Freiheit, des Abends uns so lange, wie wir wollten, zu unterhalten; denn unser Krankenwärter war ein gutmütiger, gefälliger und verschwiegener Mensch, der sich sogar überreden ließ, uns für diese nächtlichen oder doch späten Zusammenkünfte allerhand Erfrischungen aus der Stadt zu besorgen. Was wir an solchen bestellt hatten, Braten, Wein usw., wurde, in einen Korb verpackt, unter unser Fenster gebracht, an einer von uns heruntergelassenen Leine befestigt und dann von uns heraufgezogen.

Eines Abends, an dem wir wieder eine solche kleine Festlichkeit begehen wollten, erwarteten wir, wie gewöhnlich, um 10 Uhr unseren Korb. Wir sahen auch jemanden mit einem Korbe kommen, und da wir glaubten, daß es der unsrige sei, so gaben wir ein Zeichen. Der Träger sah sich um und kam unter das Fenster, band den Korb an die Leine und ging davon. Wir zogen sodann unsere Beute sehr behutsam herauf, um alles Geräusch zu verhüten und die Weinflaschen nicht zu versehren. Wie erstaunten und erschraken wir aber, als wir nach Öffnung des Korbes ein lebendiges und ruhiges kleines Wesen anstatt der bestellten Viktualien darin fanden! Uns verging Essen, Trinken und Vergnügen; wir gerieten vielmehr in die größte Verlegenheit, da wir nicht wußten, was wir mit diesem Funde machen sollten. Noch heute, da ich dieses niederschreibe, fühle ich etwas von der Beklemmung und Angst, die ich damals empfand.

Endlich zogen wir unseren klugen Aufwärter zu Rate. Dieser mußte dem Pförtner vorreden, daß ich kränker geworden sei und daß er deshalb den Arzt, welcher außerhalb des Seminars wohnte, holen wolle; er wurde auch glücklich herausgelassen und berichtete bei seiner

Rückkehr, daß er den Arzt nicht getroffen habe. Inzwischen hatten wir den Korb wieder an die Leine gebunden und ließen ihn, als der Wärter unter unserm Fenster sich meldete, behutsam auf die Straße herab. Dort wurde er von dem Wärter aufgenommen und alsbald nach dem Findelhause gebracht. Bei der Verschwiegenheit unseres Aufwärters kam der Vorfall niemals an den Tag, und wir dankten Gott, daß alles so gut abgelaufen war.

Übrigens schreckte uns dieses Abenteuer für die Folge keineswegs von ähnlichen Konvivien in den Krankenzimmern ab, die nur selten unbesetzt waren. Da diese Zimmer auch Fenster nach dem Hof zu hatten, so wurden diese sehr sorgfältig verhangen, damit der Schein des Lichtes uns nicht verraten konnte. Gewöhnlich war ich unter den Teilnehmern an solchen Bacchanalien. An den Mitteln dazu fehlte es mir nicht, obgleich mein Bruder unsere gemeinschaftliche Kasse führte; denn dieser befand sich, trotzdem er der ältere war, in einer gewissen Abhängigkeit von mir. Ich hatte ein ausgezeichnetes Gedächtnis und erfaßte leicht alles, was von den Professoren vorgetragen wurde, so daß Auswendiglernen, Komponieren usw. für mich nur ein Spielwerk war. Um so geringere Fähigkeiten besaß mein Bruder, der sich gar nicht hätte behaupten können, wenn ich ihm bei seinen Ausarbeitungen nicht unter die Arme gegriffen hätte. Dafür mußte er mich durch Geld entschädigen, das ich auf jene Art verwendete. Auch wenn wir nach der Universität gingen, vor deren Tor Kuchenbäcker mit ihren Körben sich aufzuhalten pflegten, mußte mein Bruder sehr oft seine milde Hand auftun, da ich ein großer Liebhaber von Kuchen und kleinen Pasteten war.

Wir hatten die zwei ersten Kurse der Philosophie beendigt, als die Jesuiten wegen ihrer angeblich irrigen Grundsätze vertrieben, ihre Klöster aufgehoben und an ihrer Stelle königliche Professoren angestellt wurden.

Wir blieben von diesem Zeitpunkt an nicht mehr im Seminar, sondern bezogen nunmehr das Haus unserer Eltern, wo ich ungleich mehr Freiheit genoß, vor allem die Freiheit, mich nach Belieben zu zerstreuen und wenig oder gar nichts zu lernen. Hiermit begann die Epoche meines unordentlichen Lebenswandels. Ich schloß ein enges Freundschaftsbündnis mit einem meiner Kameraden und tauschte mit ihm den Schwur, uns niemals mehr zu trennen. Gemeinsam mit diesem Freunde geriet ich bald in schlechte Gesellschaft; die meiste Zeit brachten wir bei den Restaurateuren zu, vorzüglich bei denjenigen, wo viele Nymphen sich aufhielten. Durch lasterhafte Menschen wurde auch ich versucht, an deren Ausschweifungen teilzunehmen; ich muß aber zu meinem Heil bekennen, daß ich mich dabei sehr einfältig betrug und mich schämte, wenn jene Nymphen mich anstießen oder sich andere unerlaubte Freiheiten nehmen wollten. Am Ende ließen sie mich in Ruhe, und ich danke Gott, welcher mich beschützte und es mir ermöglichte, meinen gesunden Körper zu behalten. Dagegen kam ich bald in Schulden, da ich mehr Geld verpraßte, als ich von meinem Vater erhielt.

Auch an anderen Streichen, wie sie auf einer von 1500 Studenten aus allen Volksklassen besuchten Universität üblich sind, war ich beteiligt. Wir waren eines Abends, etwa 20 an der Zahl, wieder bei einem Restaurateur gewesen, wo verschiedene fremde Mädchen sich befanden, und hatten dort tüchtig gezecht. Gegen Mitternacht wollten wir uns nach Hause begeben. Als wir die Treppe heruntergingen, wurden einige unserer lustigen Kameraden gespickte Kapaunen und Hasen gewahr und bekamen Lust, ein paar davon auf ihre Degen zu spießen und mitzunehmen. Es bestand damals in Toulouse das scharfe Verbot, sich nach 10 Uhr abends ohne Laterne und Licht auf der Straße sehen zu lassen, und die Patrouillen waren angewiesen, alle Übertreter dieses Verbotes zu arretieren und nach der Bürgerwache zu führen. Auch unserer Gesellschaft widerfuhr diese Ehre; der wachthabende Offizier war aber ein gutmütiger und verträglicher Mann, der einen guten Trunk nicht verschmähte. Er erlaubte uns, Getränke holen zu lassen, und sorgte dafür, daß der mitgenommene Hase und zwei Kapaune gebraten wurden. So zechten und schmausten wir mit ihm zusammen höchst vergnügt, und nach vollbrachter schwerer Arbeit wurden wir, sobald der Tag anbrach, aus der Wache entlassen.

Schlimmer verlief ein anderes Abenteuer, in das ich einige Zeit nachher geriet. Einige Studenten, welche an einer nächtlichen Schlägerei teilgenommen hatten, waren arretiert und in den Gefängnissen des Stadthauses (Kapitols) als Ruhestörer eingesperrt worden. Auf die Nachricht davon rotteten mehrere Studenten (worunter auch ich mich befand) sich zusammen und forderten mit Ungestüm die Auslieferung unserer Kameraden, die nach unserer freilich irrigen Meinung zu Unrecht arretiert worden waren. Unsere Forderung wurde von der Behörde zugestanden, jedoch mit der Bedingung, daß vier von uns als Geiseln bis zu beendigter Untersuchung im Gefängnis bleiben müßten. Da ich mich völlig unschuldig fühlte, so erklärte ich mich nebst drei Kameraden bereit, auf diese Bedingungen einzugehen; wir waren dabei des Glaubens, daß die ganze Angelegenheit in einigen Stunden abgetan sein würde. Die Untersuchung begann, sie zog sich aber wegen der Abhörung vieler Zeugen derart in die Länge, daß wir über vier Wochen sitzen mußten. Die als schuldig anerkannten Studenten wurden zum Teil relegiert, zum Teil mit Gefängnis und Geldbußen bestraft. Wir Unschuldigen hatten nicht nur für unseren Unterhalt während der Haft zu sorgen gehabt, sondern mußten auch noch Sitzgebühren und andere Kosten bezahlen. Nach Hause entlassen, fand ich dort natürlich keine besonders gute Aufnahme, ob ich mich gleich auf meine Unschuld berief.

Ein volles Jahr hatte ich nach meinem Austritt aus dem Seminar noch in Toulouse zugebracht, als ich mit meinem ältesten Bruder ein so hartes démêlé hatte, daß es mir in unserem väterlichen Hause nicht mehr gefallen wollte. Ich sprach darüber mit meinem oben erwähnten Freunde, und dieser riet mir, Soldat zu werden, weil dadurch alle meine bisherigen Verhältnisse mit einem Schlage aufhörten und ich von meinen Gläubigern nicht mehr geängstigt werden würde. Ich war noch nicht völlig 16 Jahre alt, aber groß und wohlgebildet, und er stellte mir vor, daß ich als Soldat eine glückliche Karriere machen würde. Auch versicherte er mich, daß er ebenfalls große Neigung zu diesem Stande fühle und sich zugleich mit mir anwerben lassen wolle; wir würden demnach beieinander bleiben können. Es hielt sich damals ein Unteroffizier des Infanterieregiments von Montmorency zu Toulouse auf, um Rekruten zu gewinnen. Mein Kamerad ging ohne mein Vorwissen zu ihm und erzählte ihm, daß ich Lust hätte, als Soldat bei seinem Regiment einzutreten. Er gab ihm zur Antwort, daß ihm dies recht sei, und beauftragte ihn, mich nach seinem Quartier zu bringen. Dies geschah. Als wir jedoch mit dem betreffenden Instrument so weit fertig waren, daß ich solches unterzeichnen sollte, verweigerte ich meine Unterschrift und stellte die Bedingung, daß mein Kamerad mit angeworben werden müsse. Da dieser aber nur klein und etwas unansehnlich war, machte der Unteroffizier einige Schwierigkeiten, ihn anzunehmen, und verstand sich erst dazu, als er sah, daß ich von meinem Entschluß nicht abgehen wollte.

Das Regiment von Montmorency stand damals zu *Bé-*

ziers im Niederlanguedoc, etwa 30 Stunden von Toulouse entfernt. Unsere Abreise wurde auf den dritten Tag festgesetzt, und es gelang mir, bis dahin die nötigsten Kleidungsstücke, Wäsche usw. heimlich aus dem Hause zu entfernen, so daß wir rechtzeitig auf den Weg kamen, der mittelst des Postschiffes zurückgelegt werden sollte. Ich ging ohne Vorwissen der Meinigen davon. Der Unteroffizier hatte jedoch in seinem Quartier Auftrag gegeben, meinem Vater, welcher damals zu Toulouse sich befand, sagen zu lassen, ich hätte mich anwerben lassen und wäre zum Regiment abgegangen. Auf dem Postschiff, das wie eine Gondel gebaut und mit Tischen, Bänken und Stühlen versehen war, wurde von den Passagieren stark gespielt. Unser Unteroffizier, der sich als einer der stärksten und schlauesten Spieler erwies, brachte die meiste Zeit damit zu, ohne sich weiter um uns zu bekümmern. Wenn wir des Abends nach einer Station und in unsere Quartierkammern gelangten, bezeugte er sich gegen meinen Kameraden andauernd unfreundlich und ließ ihn einige Male deutlich merken, daß er ihm zur Last sei.

So vergingen zwei Tage ohne besondere Vorkommnisse. Am dritten Tage fanden sich unter anderen Passagieren zwei Franziskanermönche auf unserem Schiffe ein, die anderentages, am Feste Mariä Verkündigung, die Messe lesen sollten. Diese zogen mich beiseite, entwarfen von dem Soldatenleben eine Schilderung, die es mir sehr verleidete, und rieten mir zu entlaufen. Als wir des Abends in unser Quartier kamen, erklärte der Unteroffizier meinem Kameraden rundheraus, er könne ihn als Soldaten weder gebrauchen noch überhaupt dem Regiment vorstellen und werde ihn daher am anderen Tage entlassen.

Dieses Verhalten des Unteroffiziers ärgerte mich auf das äußerste, ich ließ aber nichts davon merken. Als jener uns verlassen hatte und zu dem Wirt hinuntergegangen war, verließ ich sofort gleichfalls das Haus und versuchte mich wegzuschleichen. Es war aber grausam finster; zudem war ich aller Wege unkundig und wollte mich keinem Menschen in dem Dorfe, wo wir übernachteten, anvertrauen, weil ich verraten zu werden fürchtete. Ich verweilte daher nur einige Zeit auf der Straße und entschloß mich sodann, zurückzukehren. Inzwischen hatte der Unteroffizier mich vermißt; er sagte zwar nur wenig, ließ aber das Abendessen auf unsere Stube bringen und schloß darauf die Tür zu.

Den andern Tag 5 Uhr morgens wurde zur Messe geläutet; ich hoffte, aus der Kirche entlaufen zu können, allein der Unteroffizier blieb beständig neben mir, und ich ward dadurch in meinem Vorhaben behindert. Nach der Messe schifften wir uns ein. Es war der letzte Tag, an dem eine Flucht möglich war, weil wir um 2 Uhr nachmittags zu Béziers, dem Orte unserer Bestimmung, ankommen sollten. Kaum waren wir auf dem Schiffe, so fing auch das Spiel wieder an, an dem der Unteroffizier sich beteiligte. Ich stellte mich ganz munter und aufgeräumt, nahm aber die Gelegenheit wahr, mit den erwähnten Franziskanermönchen, die ebenfalls nach Béziers reisten, wegen meiner Entweichung zu sprechen. Sie übernahmen es, mit den Schiffsleuten ein Abkommen dahin zu treffen, daß diese, wenn ich aus der Gondel herauskommen würde, am Bord des Kanals landen sollten, damit ich heraussteigen könnte. Als ich nun sah, daß der Unteroffizier ins Spiel vertieft war, so suchte ich eine Gelegenheit hinauszugehen und schloß die Tür der Gondel unter dem Vorwande, daß es sehr windig sei. Die Schiffer steuerten auf meinen Wink nach dem Ufer, und mit einem Sprunge war ich hinaus. Ich nahm alle meine Kräfte, Beine und Sinne zusammen und lief in einer Strecke, soviel ich laufen konnte, querfeldein bis an einen tiefen, aber wasserlosen Graben. Ganz außer Atem und erschöpft, ruhte ich in diesem einige Minuten mich aus, nachdem ich vorher durch Umschau die Gewißheit erlangt hatte, daß ich nicht verfolgt würde.

Unweit davon lag ein Dorf, in dem eben zur Kirche geläutet wurde. Ich begab mich dahin, stellte mich dem Pfarrer, der zum Glück noch in seinem Hause sich befand, als Neffen des Superintendenten Rouanet zu Aigues-vives vor und gab ihm einen kurzen Bericht über meine Lage. Meine Bitte, mich nach dem nächsten Dorfe geleiten zu lassen, dessen Pfarrer unter der Superintendentur meines Onkels stand und mir bekannt war, fand freundliches Gehör. Während mir von der Wirtin des Pfarrers ein Frühstück vorgesetzt wurde, sattelte der Bediente auf sein Geheiß dessen Pferd. Ich setzte mich auf und galoppierte, beständig mich umsehend, ob der Unteroffizier mich verfolge, in einem Zuge bis nach jenem Dorfe. Hier verließen die Leute soeben die Kirche. Der mir begegnende Pfarrer erkannte mich sogleich und frug, was für ein guter Wind mich hierherbrächte, da er mich 30 Stunden weit entfernt glaubte. Ich antwortete ihm, daß ich ihm alles dieses sagen würde, sobald wir in seiner Wohnung uns befänden. Ich stieg vom Pferde ab, das bis zur Abholung in den Stall geführt wurde, und wir traten ein. Als ich ihm in Kürze meine Geschichte erzählt hatte, schloß er zunächst die Haustür zu und schrieb sodann einige Zeilen an meine Schwester *de Terrail*, deren Landgut ganz in der Nähe lag; der Bediente erhielt den Befehl, das Billet sogleich zu besorgen. Bald wurde das Essen aufgetragen. Wir saßen noch am Tische, als plötzlich an der Haustür geklopft wurde. Der Pfarrer stand leise auf, begab sich zu der Tür und sah durch das Schlüsselloch. Siehe da, es war der Unteroffizier, den er an seiner Montierung erkannte. Während dieser vor der verschlossenen Tür auf der Straße wartete, entließ mich der Pfarrer durch die auf den Hof führende Hintertür. Ich gelangte durch den Hof auf einen Acker und bemerkte hier eine Art von Brunnen, worin aber zum Glück kein Wasser sich befand. In diesem Brunnen versteckt, durchlebte ich ein paar Stunden der größten Angst. Als ich mich endlich entschloß, ihn zu verlassen und meine Wanderschaft fortzusetzen, versorgte ich mich mit einem tüchtigen Knüppel, um mich mit diesem zu wehren, wenn es dem Unteroffizier einfallen sollte, mich weiter zu verfolgen.

Ich hielt es für geraten, zunächst zu meinem alten Lehrer, dem früher erwähnten Geistlichen, mich zu flüchten, dessen Pfarre etwa eine Meile entfernt liegen mochte. Als ich dort gegen Abend ankam und er meiner ansichtig wurde, so wäre er vor Schreck beinahe in Ohnmacht gefallen. Kaum hatte ich ihm mein Schicksal erzählt, so ließ er vier handfeste Kerle kommen. Meine Anfrage, weshalb er dies täte, beantwortete er dahin, daß dies zu meinem Schutze geschehe. Sollte es dem Unteroffizier gelingen, mich auszuspüren, so sollte ich dreist mit ihm gehen; jene vier Kerle seien von ihm angewiesen, uns Schritt für Schritt nachzufolgen und, sobald wir etwas vom Dorfe entfernt sein würden, in der Dämmerung den Unteroffizier zu überfallen. Mir würde dadurch Gelegenheit gegeben werden zu entwischen, da ja die ganze Gegend mir genau bekannt wäre.

Mittlerweile wurde es völlig finster, ohne daß jemand kam. Wir setzten uns also zu Tische und speisten in Ruhe, bis es ungefähr nach einer halben Stunde wiederum an der vorsichtig verschlossenen Haustür klopfte. Auf die Frage, wer da sei, wurde geantwortet: »Ich bin der Bediente des Herrn Superintendenten Rouanet, welcher einen Brief bringt«, und auf die zweite Frage, ob er allein sei, hieß es: »Allein.«

In dem betreffenden Brief teilte mein Onkel dem Pfarrer mit, daß gegen 3 Uhr nachmittags ein Unteroffizier während der Vespern in die Kirche gekommen sei und sich überall umgesehen habe. Nach beendigtem Gottesdienst habe er meinen Onkel um eine Unterredung ersucht und ihm das mit meiner Unterschrift versehene »Engagement protocole« vorgelegt. Hierauf habe ihn mein Onkel gebeten, bei ihm zu übernachten; er würde sich bei meiner Schwester de Terrail erkundigen, ob ich mich dort befände, und in diesem Falle am andern Tage mit ihm dorthin reisen. Er vermute aber, daß ich mich zu ihm, meinem alten Lehrer, begeben habe, hätte indessen dieses dem Unteroffizier nicht auf die Nase binden wollen. Er würde versprochenermaßen den anderen Tag mit diesem zu meiner Schwester reisen, um mit meinem Schwager, dem Kapitän, das Nötige zu überlegen und zu versuchen, ob meine Loslassung in der Stille abgemacht werden könnte. Ich solle inzwischen bei ihm verweilen; in wenigen Tagen würde er ihn von dem Erfolg seiner Schritte benachrichtigen. Er solle mir aber von diesen zu versuchenden Verhandlungen kein Wort sagen, sondern mir vielmehr drohen, daß ich zum Regiment gehen müsse.

Der Bediente meines Onkels kehrte in der finsteren Nacht nach Aigues-vives zurück, und wir legten uns nieder. Am andern Morgen wurde ich in aller Frühe von meinem Beschützer geweckt, der mir sagte, daß er sich entschlossen habe, sogleich zu meinem Onkel sich zu begeben, um mit ihm zu meiner Schwester zu fahren. Er versprach, mich sobald wie möglich von dem Ergebnis der Unterhandlungen zu benachrichtigen; da er mich aber in seiner Behausung nicht ganz sicher glaubte, so gab er mir ein Schreiben an einen reichen Gutsbesitzer, der etwa eine Stunde von ihm entfernt wohnte und dessen Haus mitten im Gebirge versteckt lag, mit der Anweisung, mich dahin zu begeben und dort so lange zu bleiben, bis er mir schreiben würde. Ich wurde von diesem Gutsbesitzer, als einem alten Bekannten und intimen Freund und Beichtkind des Pfarrers, sehr wohl aufgenommen. Erst am dritten Tage erhielt ich von letzterem ein Schreiben, in dem er mir meldete, daß die Unterhandlungen mit dem Unteroffizier wegen meiner Loslassung sich zerschlagen hätten. Meine Schwester habe auf seine unverschämte Forderung geäußert, daß sie sich lieber an unseren Vetter, der Kapitän bei demselben Regiment war und *Petit* hieß, wenden wolle und die Überzeugung habe, daß dieser billiger als der Unteroffizier sein werde. Der Unteroffizier habe nach dieser Äußerung darauf bestanden, daß ich zunächst ausgeliefert werden müsse; wegen meiner Freigebung könne alsdann mit dem Herrn Vetter selbst verhandelt werden. Mein alter Lehrer schrieb mir ferner, daß es auch nach seiner Meinung besser sein würde, wenn ich mich selbst stellte, weil ich Empfehlungsbriefe an Herrn Kapitän Petit, der von dem Vorfall bereits benachrichtigt worden sei, mitbekäme. Ich könne alsdann auch ohne Furcht meine Schwester besuchen, welche mich zu sehen wünschte, und ebenso noch ein paar Tage bei ihr verweilen. Zu meinem Onkel dürfe ich allerdings nicht gehen, weil dieser von mir nichts wissen wolle.

Auf diese immerhin tröstliche Nachricht griff ich wieder zu meinem Wanderstabe und begab mich zunächst zu meinem Lehrer, der bereits zu Hause angekommen war. Ich verweilte bei ihm und wurde von ihm bei meiner Abreise mit etwas Geld versehen, dessen ich sehr benötigt war. Denn ich war ärmer als eine Kirchenmaus geworden, weil die Kasse meines Bruders mir fehlte. Den Besuch bei meiner Schwester, von der ich heftige Vorwürfe zu erwarten hatte, vermied ich, obgleich meine Route ganz nahe an ihrem Wohnsitz vorbeiführte; vielmehr ging ich geradesweges nach Béziers. Ich hatte sieben Stunden zu marschieren; es war überdies an diesem Tage schrecklich warm, so daß ich sehr heiß und durstig wurde. Leider fand ich unterwegs nichts anderes zu trinken als die trübe und warme Flüssigkeit eines Pfuhls, der sich auf der Straße gebildet hatte; ich aß dazu ein Stück Brot und Wurst, das ich aus meinem Asyl mitgenommen hatte. Gegen Abend an meinem Ziel angelangt, blieb ich die Nacht in einem Gasthofe der Vorstadt, um mich auszuruhen.

Sobald ich den andern Tag aufgestanden war und mich gewaschen, gekämmt, gepudert und frisiert hatte, begab ich mich in Eskarpins und seidenen Strümpfen als ein »petit maître« in die Wohnung des Herrn Vetters, die mir durch meinen Wirt bezeichnet worden war. Nachdem er das ihm von mir übergebene Empfehlungsschreiben mit Kopfschütteln gelesen hatte, betrachtete und maß er mich eine Weile von oben herab und hieß mich alsdann draußen verweilen, damit er sich anziehen könne, um mich persönlich dem kommandierenden Major vorzustellen. Ein solcher Empfang und das kühle Benehmen meines Vetters hatten mich sehr stutzig gemacht; namentlich hatte es mich nicht wenig verdrossen, daß er mir nicht einmal einen Stuhl angeboten, sondern mich vor der Tür hatte warten lassen. Mein Ehrgefühl war dadurch aufs tiefste verletzt, und ich nahm mir vor, auf alle Fragen, die man mir stellen würde, trotzig und stolz zu antworten.

Sobald der Kapitän angezogen war und seinen Degen umgeschnallt hatte, kam er heraus und sagte: »Nun, junger Herr, wollen wir gehen!« Ich hatte gehofft, ein gutes Frühstück bei dem Herrn Vetter zu genießen, und mußte nun hungrig und erbittert, wie ein armer Sünder, neben ihm hergehen. Als wir bei dem Major angelangt waren, ging der Herr Vetter voraus und zu ihm hinein, während ich wiederum wohl eine halbe Stunde vor der

Tür stehen mußte. Endlich wurde ich hereingerufen. Kaum daß ich eingetreten war, sagte der Major zu meinem Vetter: »Ein hübsch und wohlgewachsener junger Mensch. Schade, daß aus ihm ein Taugenichts geworden ist und daß er seinen guten, schätzbaren Eltern und Anverwandten so viel Schande und Kummer machen will.« Er fing darauf an, mich in folgender Weise auszufragen:

»Junger Mensch, wie alt sind Sie?«

»Ich gehe ins 16. Jahr.«

»Sehr groß für dies Alter. Haben Sie sich freiwillig anwerben lassen?«

»Ja, jedoch unter der Bedingung, daß mein Kamerad mit mir als Soldat eintrete und von mir nicht getrennt werde.«

»Wenn Sie sich freiwillig haben anwerben lassen, warum sind Sie davongelaufen und haben den Werbeunteroffizier in Verlegenheit und Verantwortung gesetzt?«

»Weil der Unteroffizier wortbrüchig war und meinen Kameraden entlassen hat.«

»Der war nicht zu gebrauchen.«

»Ich ebensowenig.«

»Warum?«

»Weil ich noch nicht 16 Jahr alt bin und nach den königlichen Befehlen vor 16 Jahren kein Mensch als Soldat genommen werden darf. Aus diesen Gründen glaubte ich das Recht zu haben, mich von den mir angelegten Fesseln zu befreien.«

»Warum sind Sie von selbst wiedergekommen?«

»Um meinen Anverwandten, die solches von mir verlangt haben, zu gehorsamen.«

»Auch uns werden Sie gehorsamen müssen.«

Hierauf befahl er meinem Unteroffizier, der gegenwärtig war, er solle mit mir nach der Montierungskammer gehen und mich einkleiden lassen. Zu mir sagte er: »Gehen Sie mit diesem Mann, dem Sie als Ihrem Vorgesetzten gehorsamen müssen, nach der Montierungskammer und von da aus ins Quartier zu Ihren künftigen Kameraden. Führen Sie sich gut auf, wenn Sie von uns gut und artig behandelt sein wollen, weil Ihnen sonst eine harte Züchtigung und Strafe auferlegt werden müßte.«

Der Herr Vetter tat bei dieser Unterredung den Mund nicht auf.

Der Unteroffizier geleitete mich nach der Montierungskammer und von dort in die Kaserne, wo ich noch fünf Kameraden antraf, die mich willkommen hießen. Es war Mittag, und noch hatte ich nichts genossen. Ich war sehr hungrig, es hatte aber kein Mensch für mich gesorgt, und meine Kameraden hatten ihr Mittagbrot bereits um 11 Uhr verzehrt; ich mußte also in ein Speisehaus gehen.

Am Nachmittag mußte ich mich soldatisch anziehen und wurde einem Schlafkameraden zugewiesen, da die Soldaten je zwei und zwei zusammen schliefen. Am anderen Tage hatte ich in sorgfältigem Anzuge auf der Parade zu erscheinen, wo ich den Offizieren usw. des Regiments vorgestellt wurde. Nach beendigter Parade ging ich ins Quartier, wo ich meine Kameraden antraf, die das Mittagessen auf den Tisch brachten und mir einen blechernen Löffel reichten. Das gewöhnliche Essen bestand für einen jeden aus einem halben Pfund Fleisch, das mit einigen Kräutern gekocht war. Zunächst wurde eine Menge Brot in eine Schüssel geschnitten und die Brühe darauf gegossen, so daß ein ziemlich steifer Brei entstand. Von den sechs Soldaten, welche die Schüssel umstanden, nahm ein jeder der Reihe nach einen Löffel voll von dieser Suppe, um sodann dem nächsten Platz zu machen; denn der Tisch war nur sehr klein. Sobald wir mit diesem Gerichte fertig waren, wurde das Fleisch geteilt und um die Portionen gelost; jeder nahm die seine auf ein Stück Brot und verzehrte sie nach seinem Belieben am Nachmittag oder auch am Abend.

Schon am folgenden Tage begann der Dienst; ich mußte vormittags marschieren und das Gewehr, welches sehr schwer war, führen lernen. Der Herr Vetter sprach zuweilen mit mir auf der Parade, erkundigte sich auch, ob ich Nachrichten von den Meinigen erhalten hätte, bekümmerte sich aber weiter nicht um mich.

Nach Verlauf von sechs Wochen ließ er mir eines Tages sagen, ich möchte zu ihm kommen, weil er einige mich betreffende Nachrichten erhalten habe. Ich ging hin, und er fragte mich in freundlichem Tone, wie mir meine bisherige Lebensweise, der Tisch und das Quartier gefallen hätten. Ich antwortete, daß ich mich an das Gute wie an das Böse gewöhnen würde; der Tisch sei zwar nicht köstlich, man brauche aber dabei nicht zu verhungern, da wir eine zum Lebensunterhalt hinreichende Portion bekämen. Diesmal forderte er mich auch zum Niedersitzen auf und nötigte mich sogar, am Essen teilzunehmen, zu dem er einige Offiziere eingeladen hatte; er stellte mich diesen als seinen Vetter vor. Nach dem Essen bot er mir an, die Kaserne zu verlassen und meine Wohnung bei ihm zu nehmen, wo er mir größere Bequemlichkeit verschaffen werde. Endlich stellte er an mich die Frage, ob es mir im Militärstand gefiele und ob ich dabeibleiben möchte oder ob ich meine Studien fortsetzen, mich gut aufführen und mich nicht wieder verführen lassen wolle. Diese letzte Aussicht war mir natürlich nicht unangenehm, weil der erste Versuch im Militärstande meinem Geschmack wenig entsprochen hatte, und ich gab alle gewünschten Versicherungen. Kapitän Petit sagte mir zu, dies meinen Anverwandten zu melden. Ich solle abwarten, was diese hierzu sagen würden.

Acht Tage später teilte er mir mit, daß er sich mit dem

Kommandeur wegen meiner geeinigt habe. Ich würde als Beurlaubter entlassen, jedoch nicht verabschiedet werden. Diese Verabschiedung würde vielmehr nur dann erfolgen, wenn ich meine Studien fortsetzte und fleißig wäre.

Einige Tage darauf versah mich mein Vetter mit dem nötigen Reisegeld; ich legte meine Montierung ab und fuhr mit der Post zunächst zu meiner Schwester, die mir ein ordentliches Kapitel vorlas, und von dort zu meiner Mutter, die mit meiner jüngsten Schwester damals zu Septfaux sich aufhielt. Meinen Onkel aufzusuchen, wagte ich nicht, weil ich mich zu sehr vor ihm fürchtete; ich schrieb jedoch an ihn und gelobte willige Besserung.

Da die Collegia in Toulouse mittlerweile schon ihrem Ende sich zuneigten, so wurden meine Eltern von einem Edelmann auf dem Lande ersucht, mich auf einige Wochen zu ihm zu schicken. Seine Kinder, nämlich ein Junker von etwa 12 bis 13 Jahren und ein Fräulein von 11 Jahren, hätten ihren Lehrer durch den Tod verloren und seien jetzt ohne Unterricht, den einstweilen ich übernehmen sollte. Er werde sich bemühen, möglichst bald einen anderen tüchtigen Lehrer ausfindig zu machen, und ich würde lediglich als ein Freund des Hauses behandelt werden. Ich war in einer Lage, die mich nötigte, mir Gutes und Böses, Angenehmes und Unangenehmes gefallen zu lassen, und ging daher ohne Widerrede auf den Vorschlag ein. Es dauerte wenigstens sechs Wochen, bis der neue Lehrer ankam. Ich würde aber gern noch länger bei diesem Edelmann geblieben sein; denn er sowohl als seine Frau Gemahlin waren sehr zuvorkommend gegen mich und behandelten mich mit der größten Bescheidenheit und Güte. Der Edelmann selbst war nicht mehr jung und hatte wohl keine besonders feine Erziehung erhalten, besaß aber ein gutes Herz. Seine liebenswürdige Frau, die 30–35 Jahr alt war, kränkelte die meiste Zeit und schien sich in ihrem Ehestand nicht glücklich zu fühlen.

Nach meinem Abschied aus diesem Hause begab ich mich zunächst nach Septfaux, wo meine Eltern sich damals aufhielten. Von einer Rückkehr nach Toulouse konnte aus dem erwähnten Grunde vorläufig keine Rede sein. So entschloß man sich denn auf Vorschlag meines Onkels, mich einstweilen nach *St. Pons* zu schicken, wo von den dazu angestellten Professoren theologische Collegia gelesen wurden. Es mag dies geschehen sein, um mich in der Nähe und unter steter Aufsicht behalten zu können; vielleicht lag dem aber auch schon die Absicht der Meinigen zugrunde, mich dem geistlichen Stande zu widmen. In dem Seminar von St. Pons untergebracht, ließ ich es an Fleiß nicht fehlen, zumal ich dort durch keine näheren Bekanntschaften abgelenkt wurde; die Lehrer und Vorgesetzten gewannen mich lieb, und ich wurde dem Bischof so gut empfohlen, daß er mir die Tonsur und die niedere Weihe erteilte. Keiner war über diese anscheinend günstige Wendung meines Lebens froher als meine Mutter. Es war am zweiten Pfingsttag, als ich die Weihe erhielt. Ich reiste unmittelbar darauf auf einige Wochen zu meinem Onkel, der mich sehr zärtlich aufnahm, und kehrte sodann nach St. Pons zurück, um die Collegia fortzusetzen.

Ich hatte mittlerweile das 17. Lebensjahr erreicht und war mir nach reiflicher Überlegung darüber klargeworden, daß ich für den geistlichen Stand nicht passe. Ich entschloß mich daher, dies meinem Onkel schriftlich zu erklären, und bat ihn, mich mit der aufgezwungenen Bestimmung für einen Stand, zu dem ich keinen Beruf fühle, nicht länger zu quälen; ich wolle gern jedem anderen Fach mich widmen.

Mit dieser Erklärung stieß ich auf den heftigsten Widerspruch der Meinigen. Da alle ihre Vorstellungen bei mir fruchtlos blieben, so wurde beschlossen, mich nach *St. Domingo* zu schicken, wohl in der Absicht, mich durch eine solche langwierige und gefährliche Reise mürbe zu machen.

Eine Tante von mir, die zu Bordeaux wohnte, besaß ein Kauffahrteischiff, das dahin abgehen und für meinen Vater eine starke Sendung spanischen Tuches befördern sollte. Ich wurde der Aufsicht eines Handlungsdieners übergeben, der dieses Geschäft zu besorgen hatte.

Es war mir sehr schmerzlich, eine so gefahrvolle Reise unternehmen zu müssen, allein ich wollte mich lieber allen Widerwärtigkeiten aussetzen als in den geistlichen Stand mich zwingen lassen. Wir traten unsere Reise in La Rochelle an, wo unser Schiff im Hafen lag. Der Kapitän, ein barscher Mann, dem ich vermutlich auf keine gute Art empfohlen war, behandelte mich nicht ganz nach meinem Wunsch, und der Handlungsdiener spielte den Meister über mich. So gestaltete sich diese Fahrt nicht sehr angenehm für mich, zumal ich nichts Ordentliches zu essen bekam und mich mit groben Speisen begnügen mußte, die ich wegen der Seekrankheit, von der ich hart befallen wurde, kaum genießen konnte. Die Fahrt ging sonst leidlich vonstatten, da wir nicht länger als 38 Tage auf See waren. Die Hitze war groß und fast unerträglich, da wir nur wenig frisches Wasser an Bord hatten und meist dursten mußten. So geriet ich in einen Zustand, in dem ich unsere Rückkehr sehnlich herbeiwünschte und zuweilen sogar bereit gewesen wäre, den Willen der Meinigen zu erfüllen.

Ehe unsere Geschäfte auf St. Domingo beendigt waren, vergingen über sechs Wochen. Ich blieb während dieser ganzen Zeit elend und konnte mich nicht erholen, so daß ich keine Lust verspürte, mich umzusehen, und nur den Tag verwünschte, an dem ich mir hatte beikommen lassen, eine solche Reise zu unternehmen. Meine Erinnerungen an die Stadt und die Insel sind infolgedessen sehr schwache. Ich weiß nur, daß dort ein sehr lebendiger Verkehr herrschte und daß man eine Masse Menschen von allerhand Farben sah, wie zur Zeit der Messen in Frankfurt und Leipzig. Auch schwebt mir vor, daß die Häuser der Stadt meistens elegant gebaut waren; die Fußböden waren mit Quadratsteinen gepflastert, die des Tages einige Male mit Wasser besprengt wurden, weil man es sonst vor Hitze nicht hätte aushalten können.

Unsere Rückreise verlief langsamer und dauerte fast dreieinhalb Monate; jedoch blieben wir von großen Stürmen verschont. Zu Hause angekommen, blieb ich noch einige Monate krank; ein kaltes Fieber, das mich befallen hatte, wollte trotz aller Pflege und aller Arzeneien nicht weichen. Ich sah schließlich fast einem Schatten ähnlich, obgleich meine Mutter, deren Liebling ich immer gewesen war, für mich auf alle mögliche Art sorgte.

Als ich wiederhergestellt war, bestürmten mich die Meinigen aufs neue, meine theologischen Studien fortzusetzen. Sie stellten mir dabei vor, daß ich die schönste Aussicht hätte, die Pfarre von Aigues-vives, die mein Onkel mir abtreten wolle, zu erhalten. Ich beharrte demgegenüber eigensinnig auf meinem Vorsatz, dem geistlichen Stande zu entsagen, und bat um die Erlaubnis, mich einem anderen Fache, wie der Juristerei oder der Medizin, widmen zu dürfen. Dagegen bestanden die Meinigen darauf, daß ich entweder Geistlicher werden oder die Handlung lernen sollte, um auch fernerhin die Reise nach St. Domingo zu machen und die Handlungsdiener meines Vaters zu kontrollieren.

Dies wollte mir aber schlechterdings nicht behagen, und ich sann daher auf Flucht. Meine Eltern und mein ältester Bruder waren eines Tages in die Nachbarschaft zu einem Feste eingeladen und mußten dort übernachten; ich war mit meiner Schwester und zwei Dienstmägden allein zu Hause geblieben. Diese letzteren drei schliefen im Erdgeschoß, während mein Bruder und ich unser Quartier in der zweiten Etage hatten. Es fiel mir ein, daß in einem Zimmer ein Schreibspind stand, in welchem mein Vater Wechsel aufzubewahren pflegte, und ich geriet in Versuchung, mir durch Aneignung eines solchen das nötige Reisegeld zu verschaffen. Ich hatte mich bei Tage umgesehen, wie ich am besten das Spind öffnen könne. Da dieses alt und schon etwas morsch war, so machte es keine großen Schwierigkeiten, die Decke abzulösen und auf diese Art in das Innere zu gelangen; ich nahm einen Wechsel über 25 Louisdor, zahlbar au porteur, an mich und wartete sodann die Zeit ab, wo ich glaubte, daß meine Schwester und die Mägde eingeschlafen sein würden. Da aber die Haustür fest zugeschlossen und verriegelt war und ich keinen Lärm machen wollte, nahm ich das Bettuch, band es am Fenster fest und ließ mich vorsichtig herab. Wie man meine heimliche Entweichung aufnehmen würde, war mir in diesem Augenblicke völlig gleichgültig. Ich war nur froh, aus dem Hause entschlüpft zu sein und mein Heil auf eine andere Art versuchen zu können, ohne vorläufig zu wissen, was ich zunächst beginnen solle.

Es war eine schrecklich finstere Aprilnacht; ich hatte nichts als einen leichten Überrock und war nicht einmal mit Hemden versehen. So verfolgte ich den ersten besten Weg. Als ich nach einem Marsche von etwa einer halben Stunde eine Art von Gebäude schimmern sah, ging ich darauf los, tapfte mit den Händen, fühlte eine steinerne Bank, setzte mich darauf, lehnte mich an die Mauer und schlief ein. Beim ersten Tagesgrauen wurde ich wach und sah mich um. Ich befand mich unter der Halle einer Kirchhofskapelle unweit eines mir wohlbekannten Dorfes. Begünstigt durch einen dicken Nebel, der eine etwaige Verfolgung erschwert hätte, machte ich mich auf die Füße und gelangte gegen Abend nach der Stadt *Angles*. Hier setzte ich bei einem Wechsler meinen Wechsel um und, da ich in der Gegend unbekannt war, mietete ich mir einen Wagen und fuhr zu einem Vetter, dessen Rat und Hilfe ich zunächst in Anspruch nehmen wollte und auf den ich um so sicherer rechnete, weil er reformierter Religion war und mir bei früheren Begegnungen stets seine besondere Gewogenheit bezeugt hatte.

Die kleine Stadt *Boissison*, in der er als Justizkommissarius oder vielmehr Advokat angestellt war, entsprach an Größe etwa meinem gegenwärtigen Wohnort Beeskow. Er freute sich beim ersten Anblick, mich zu sehen, jedoch fielen ihm mein Anzug und mein ängstliches Wesen auf, so daß er sogleich fragte, woher ich käme und ob mich ein guter oder ein böser Wind hierherverschlagen hätte. Ich erzählte ihm, daß ich die Flucht ergriffen hätte, weil meine Eltern und mein Onkel mich mit Gewalt in den geistlichen Stand zwingen wollten, und bat ihn, mir seinen guten Rat zu erteilen, den ich sehr gern befolgen wolle und würde. Er ermahnte mich, ruhig zu sein und mich nicht zu ängstigen; er würde alles Mögliche für mich tun. Zunächst bat ich ihn, mir einige Hemden kaufen zu lassen, was seine einzige Tochter, die ihm als Witwer die Wirtschaft führte, gern und willig übernahm. Den Tag darauf ließ ich mir einen Schneider kommen, der mir einen Oberrock und einige Westen machen sollte.

Da ich wie auch der Vetter mutmaßten, daß meine Eltern mich verfolgen lassen würden, so ging ich anfangs gar nicht aus, sondern brachte die langen Tage mit Lesen und Schreiben in der Gesellschaft meiner liebenswürdigen Cousine zu. Diese, ein Mädchen von 18 Jahren, brünett mit feurigen Augen, war sehr häuslich und lag mit ihrer Stubenjungfer aufs fleißigste der Arbeit ob. Der Vetter selbst, der eine ausgedehnte Praxis hatte und ein paar Schreiber hielt, war sehr selten zu Hause. Ich sah ihn gewöhnlich nur des Mittags und Abends beim Essen; sehr oft blieb er auch aus. An einigen Abenden, an denen meine Cousine ausgebeten war, wagte ich mich auch nach der Stadt, um mir durch Billardspiel die Zeit zu vertreiben. Ich machte dabei einige Bekanntschaften, jedoch ohne mich zu erkennen zu geben; ich sagte nur, daß ich zum Besuch bei dem Herrn Vetter sei.

Eines Tages kam der Vetter zu Mittag nach Hause und brachte die Nachricht mit, daß er wegen meiner mit meinem Onkel *Houles* in Verbindung getreten sei. Dieser Onkel, ein Bruder meiner Mutter, der jedoch ebenfalls der reformierten Religion angehörte, war beim Parlament zu Toulouse als Prokurator angestellt und besaß etwa zehn Stunden weit von Boissison ein Landgut, auf dem er sich gegenwärtig aufhielt. Auf die Anzeige meines Vetters, daß er mich bei sich aufgenommen habe, hatte ihm jener geantwortet, daß er dies meinem Vater melden und mit diesem über meine weitere Bestimmung beraten werde; über die in dieser Hinsicht gefaßten Beschlüsse werde er ihm später nähere Nachricht geben.

Ich glaubte bei dieser Lage der Dinge vor einer Verfolgung durch die Strickreiter, die damals die Stelle der Gensdarmen vertraten, sicher zu sein und ging nunmehr zuweilen auch bei Tage aus, um eine Partie Billard zu spielen. Aber ich irrte mich darin. Als ich einst schon um 9 Uhr vormittags vor dem betreffenden Caféhaus stand, sprangen zwei Strickreiter auf mich zu, musterten mich von oben bis unten und fragten mich dann, ob ich nicht einen fremden jungen Menschen ungefähr von meiner Größe gesehen hätte. Ich beantwortete diese Frage ganz dreist mit »Ja«, indem ich dazu bemerkte, daß dieser junge Mensch seit etwa 14 Tagen bei dem Advokaten *Rocce* sich aufhielte und vermutlich zu Hause sein werde, da er selten ausginge. Ich bezeichnete ihnen die Wohnung des Vetters und machte mich selbst unter diesen kitzligen Umständen sofort in entgegensetzter Richtung aus dem Staube. Den ganzen Tag über hielt ich mich in einem nahe gelegenen Dorfe verborgen und spähte von dort nach allen Seiten aus; in der Dunkelheit erst begab ich mich in einen Schlupfwinkel zu meiner liebenswürdigen Cousine, die mir erzählte, daß zwei Strickreiter nach mir gefragt und mich genau nach meiner bei meiner Ankunft getragenen Kleidung beschrieben hätten; sie habe ihnen geantwortet, daß ich seit zwei Tagen verreist wäre und mich vermutlich zu meinem Onkel Houles begeben haben würde. Ich kam auf diese Art für diesmal noch mit dem Schreck davon, ging aber seit dieser Zeit nicht mehr aus, zumal mein Vetter in seinen Angelegenheiten verreist war.

Nach Hause zurückgekehrt, fand er einen Brief meines Onkels vor, der ihm meldete, daß mein Vater nach seinem Gute kommen wolle, um dort mit mir über meine Zukunft Rücksprache zu halten und mich nach meinem Wunsch unterzubringen. Er bestimmte zugleich einen Tag, an welchem der Vetter mich abliefern sollte. Ich traute zwar dem Frieden nicht ganz, es mußte indessen gewagt werden. Wir setzten uns zu Pferde und kamen gegen Abend bei meinem Onkel an, der mich anscheinend sehr freundlich aufnahm. Einige Stunden später kamen mein Vater und meine Mutter an, denen ich mich mit besonderer Ehrfurcht und Angst nahte. Es wurde mir eine scharfe, jedoch wohlverdiente Predigt gehalten, und ich erhielt ein reichliches Maß von Vorwürfen zugemessen, die ich schweigend verbeißen mußte. Von meiner künftigen Bestimmung verlautete jedoch noch kein Wort. Nach dem Essen wurde mir eine ganz abgesonderte Stube angewiesen. Ich war sehr froh, daß ich allein bleiben durfte, legte mich zu Bett und schlief ruhig ein.

Am nächsten Tag wurde ich schon ganz früh vorgerufen und befragt, was ich zu werden gedächte. Ich erwiderte, daß ich gern jeden anderen Beruf ergreifen, jedoch auf keinen Fall in den geistlichen Stand treten wolle. Auf die weitere Frage meines Vaters, ob ich Lust hätte, mich der Juristerei oder Medizin zu widmen, oder ob ich die Handlung lernen wolle, entschied ich mich für die Juristerei. »Gut«, sagte mein Vater, »wir wollen heute noch nach *Castres* (etwa zwei Meilen vom Gute meines Onkels entfernt) reiten.« Er erzählte mir, daß dort ein paar tüchtige Advokaten wohnten, welche seine und meines Onkels gute Freunde wären; bei einem von ihnen sollte ich einige Monate verweilen, um in dies Fach durch praktische Übung eingeführt zu werden. Ich sagte dazu nur »ja« und war wirklich zu allem bereit.

Nachdem wir gefrühstückt hatten und ich von meinem guten Vetter und von meiner Mutter, die mich mit verweinten Augen umarmte, Abschied genommen hatte, setzten wir uns zu Pferde und begaben uns, nämlich mein Vater, mein Onkel Houles und ich nebst einem Bedienten, nach Castres. Dort stiegen wir bei einem Verwandten, einem wohlhabenden Schönfärber, ab. Während ich bei diesem verblieb, gingen mein Vater und mein Onkel aus. Nach etwa zwei Stunden kehrte mein Onkel zurück und teilte mir mit, daß mein Vater bei dem Advokaten *Roussil* auf uns warte, der mich hinsichtlich meiner Schulkenntnisse prüfen wolle. Es wurde mir etwas bange; ich sah mich aber um und bemerkte, daß der Bediente uns auf dem Fuße folgte, ein Entrinnen demnach unmöglich war. Wir kamen vor ein großes Haus. »Hier«, sagte mein Onkel, »wohnt der Advokat, zu dem wir dich bringen wollen.« Er ging voraus und ich ihm nach. Als wir aber auf den Vorhof kamen, sprang eine Schildwache, die sich hinter dem Torweg versteckt hatte, vor.

So war ich denn in ein *Gefängnis* gelockt worden. Der Stockmeister, welcher von allem unterrichtet worden war, kam uns entgegen, und mein Onkel sagte zu ihm: »Hier überliefere ich Ihnen den liederlichen Bengel und Taugenichts. Behandeln Sie ihn nicht besser als die anderen Gefangenen; er ist es nicht wert, und Sie haben die strengsten Befehle von seinem Vater erhalten. Untersuchen Sie alle seine Taschen, ob er noch viel von dem Gelde, das er seinem Vater gewaltsam genommen hat, bei sich führt.« Bei der sogleich vorgenommenen Untersuchung fand der Stockmeister zum Leidwesen meines Onkels in meiner Tasche jedoch nur einige kleine Silbermünzen, die mir gelassen wurden. Nun fragte man mich, wo ich die 25 Louisdor gelassen hätte. Ich knirschte mit den Zähnen, denn ich hatte eine solche Behandlung nicht erwartet, und antwortete trotzig, daß alles verzehrt sei; übrigens hätte ich mir Hemden und Kleidungsstücke kaufen müssen, weil ich solche von Hause nicht mitgenommen hätte und einen Pfaffenrock nicht länger tragen wolle. Hierbei muß ich bemerken, daß ich seit der Zeit, da die Strickreiter nach mir gefragt hatten, acht Louisdor im Futter meines Hutes versteckt hatte, die der Nachforschung des Stockmeisters entgangen waren.

Der Onkel ging fort, und ich befand mich im Käfig. Der Stockmeister hieß mich ihm zu folgen, da er mir mein Zimmer anweisen würde. Er führte mich eine lange Treppe hinunter, öffnete die Tür eines Behältnisses, das völlig finster war, und nötigte mich einzutreten. Mittelst einer Laterne, die er bei sich führte, wies er mir einen Platz in einem Winkel des Raumes an, wo ein Bund Stroh lag, daneben ein Krug mit Wasser und ein Stück trocken Brot. Dabei eröffnete er mir, daß ich nach der von meinen Angehörigen erteilten Anweisung nur Wasser und Brot erhalten solle; ich möchte mich im übrigen ruhig betragen. Zum Troste sagte er mir, daß mein Vater, den ich aber nicht wieder sehen würde und der in der größten Hitze zu dem fiskalischen Hausvogt gesprochen habe, allmählich vielleicht milderen Sinnes werden würde.

Ich war außer mir und würde meinen Onkel zerschmettert haben, wenn er noch gegenwärtig gewesen wäre. Mit den Zähnen knirschend, schäumte ich vor Wut dergestalt, daß der Stockmeister nebst zwei Militärpersonen, welche wegen dienstlicher Insubordination in dem nämlichen Loche eingesperrt waren, Mitleid mit meinem Zustand hatten; denn ich war zu Boden gefallen und arbeitete mit Händen und Füßen wie ein Rasender.

Wohl eine Stunde brachte ich in dieser Weise zu. Endlich, nach vielen Ermahnungen und Zureden, ermunterte ich mich ein wenig und fragte den Stockmeister, welcher noch zugegen war, ob ich nicht Wein für Geld erhalten könne. »Alles, alles«, antwortete dieser, »wenn Sie nur Geld haben.« Ich hieß ihn acht Flaschen Wein und etwas zu essen anschaffen; denn ich wollte durch einen Trunk nicht nur ihn gewinnen, sondern auch den beiden Militärs einen Willkommen zufließen lassen, um mir dadurch einige Unterhaltung zu verschaffen.

Auch an den nächsten Tagen ließ ich mir nichts abgehen und lebte die meiste Zeit, die ich in diesem Loche zubringen mußte, im Rausch. Etwa nach einer Woche kam der Stockmeister mit der freudigen Nachricht, daß er von dem Fiskal Anweisung habe, mir eine abgesonderte Stube zu geben und täglich 20 Sous auszuzahlen. Letztere werde der Herr Vetter, der oben erwähnte Färber, vorschießen, der auch für meine übrigen Bedürfnisse sorgen solle. Ich verließ also meinen bisherigen Kerker, nachdem ich von den beiden Militärs Abschied genommen und ihnen noch einige Sous zu ein paar Flaschen Wein geschenkt hatte. Als ich die Treppe heraufgekommen war und den Hof betrat, wo ich wieder frische Luft atmen konnte, verlor ich die Besinnung und fiel in Ohnmacht. Allmählich kam ich zu mir, und als ich die Augen auftat, stand der Herr Vetter neben mir, bat mich, ruhig zu sein, und teilte mir im Auftrage meiner Mutter mit, daß ich nur so lange eingesperrt bleiben würde, bis ich versprochen hätte, meine theologischen Studien fortzusetzen. Sie würde indessen für mich auf alle mögliche Art sorgen, und er, der Vetter, habe den Auftrag, mir das Nötige zu geben; er würde mir auch mittags und abends zu essen schicken, während ich mit dem mir ausgesetzten Gelde machen könne, was ich nur wolle. Ich dankte ihm herzlich für seine Fürsorge, bat ihn aber, meiner Mutter zu schreiben, daß sie meinem Vater und meinem Onkel den Vorsatz ausreden möchte, mich in den geistlichen Stand zu zwingen.

Wir stiegen nun eine Treppe höher, wo mir neben der Familienwohnung des Stockmeisters eine eigene Stube angewiesen wurde. Ich sowie einige Kaufleute, die wegen Schulden, und einige Unteroffiziere, die wegen Dienstvergehen im Gefängnis saßen, hatten die Freiheit, in der Wohnung des Stockmeisters bei Tage zu verweilen und uns mit dessen beiden erwachsenen Töchtern, die uns mit aufwarten mußten, zu unterhalten sowie unter uns Karten zu spielen.

Ich bemerke hierbei, daß in dem Gefängnis eine strenge Scheidung der Insassen nach der Art ihres Vergehens oder Verbrechens nicht durchgeführt war. So lag gegenüber einem größeren Zimmer, in welchem acht bis zehn auf ihre eigenen Kosten lebende Gefangene untergebracht waren, der mit doppelten eisernen Türen versehene Raum für die mit ihren Ketten an die Wand geschmiedeten Kriminalverbrecher. Neben der Stube, welche jene oben erwähnten Kaufleute bewohnten, befand sich ein Gelaß, in welchem zwei dem Staupbesen unterworfene, zum Galgentode verurteilte Verbrecherinnen an Haken angeschlossen waren, usw. Sämtliche Fenster des Hauses waren natürlich vergittert. Auch war der Verkehr der eine größere Freiheit genießenden Gefangenen innerhalb des Hauses sowohl durch Trennungsgitter in den Fluren wie ferner dadurch eingeschränkt, daß jede Treppe oben und unten durch eine unter beständigem Verschluß gehaltene Tür gesichert war.

Es waren weitere 8 oder 14 Tage verflossen, als der Stockmeister mir meldete, daß ich einen Stubengenossen bekommen würde, und zwar einen jungen, unbesonnenen Menschen, der seine Schwester hätte notzüchtigen wollen und deshalb auf Verlangen der Mutter einige Zeit eingesperrt werden sollte. Eines Nachmittags kam dieser auch wirklich mit weinenden Augen an und wurde in meine Stube gewiesen.

Nun ging die Sage, daß in den Gefängnisräumen des zweiten und dritten Stockes ein Kobold sein Wesen treibe und mit Ketten und Kugeln einen abscheulichen Lärm mache. Einen solchen Lärm hatte ich in der Tat schon wiederholt selbst gehört, jedoch nur entfernt, da die betreffende Stube von der meinigen durch verschiedene Türen getrennt war. Mein neuer Kamerad war sehr furchtsam, und ich machte mir den Spaß, ihn ein wenig zu ängstigen. Ich befestigte mittelst Bindfaden ein paar Schellen und eine Glocke, die ich mir zu verschaffen gewußt hatte, an dem hölzernen Himmel seiner Bettstelle dergestalt, daß sie beim Ziehen des Bindfadens einen Klang gaben, und setzte, nachdem er sich niedergelegt hatte, diese Vorrichtung in Tätigkeit. Die ungewohnten Töne verursachten ihm eine solche Furcht, daß er aus allen Kräften zu schreien anfing, den Kopf unter die Betten steckte und mich zu Hilfe rief. Als ich aufgestanden war und zu ihm ging, fand ich ihn in Schweiß gebadet und völlig kraftlos. Ich suchte ihn damit zu trösten, daß Mitternacht vorüber und das Gespenst verschwunden sei; er bat mich aber, ihn nicht zu verlassen, so daß ich mich neben ihn legte und schlief, während er wach blieb. Am anderen Tage erzählten uns die beiden Kaufleute, welche im dritten Stock wohnten, daß der Kobold in der Nacht sehr viel Lärm gemacht und mit den Ketten und Kugeln ganz besonders gerasselt habe, was die Insassen der großen Stube im zweiten Stock, welche die ganze Nacht Licht gebrannt hatten, ebenfalls bezeugten.

Mein furchtsamer Kamerad erklärte, daß er unter keinen Umständen mehr in der uns angewiesenen Stube schlafen und lieber zu den anderen Gefangenen übersiedeln wolle. Ich machte ihm den Vorschlag, daß wir versuchen wollten, die Nacht gemeinsam mit den zwei Kaufleuten zuzubringen; wir wären dann zu vieren beisammen und könnten einander beistehen. Er nahm diesen Vorschlag an, und es wurde in jener Stube für uns beide ein Lager auf dem Boden hergerichtet. Wir legten uns gegen 10 Uhr nieder, nachdem der Stockmeister unsere Stube nebst den beiden Treppentüren sorgfältig zugeschlossen hatte. Bis gegen 11 Uhr plauderten wir, schwiegen alsdann, um zu hören, ob der Kobold sich schon eingefunden habe, und löschten unser Licht aus. Gegen halb zwölf Uhr kam es uns vor, als ob ein großes Fuder Heu in die Stube hineingefahren würde. Dann schien es, als ob ein Wesen die Gardine des Himmelbettes bestiege, in dem die beiden Kaufleute lagen; wir hörten ein Geräusch, als ob Mäuse oder Katzen an Knochen nagten und als ob diese Knochen von oben herabgeworfen würden. Während mein Kamerad wiederum in vollem Angstschweiß lag, erhob ich mich und rief mit lauter Stimme: »Wenn du kein guter Geist bist, so schere dich zu deinem Bruder, dem Satan.« Ich hatte dies aber kaum gesprochen, als ich einen sehr unsanften Stoß bekam; der Kobold aber ging schwer wie mit Ketten beladen auf dem großen Flur vor unserer Tür umher und klirrte mit den Ketten und Kugeln von einer Ecke zur anderen, wie nicht klug. Der Lärm war schließlich so groß, daß die Schildwache, welche vor dem Hause stand, ihn hörte. Sie weckte den Stockmeister, welcher sogleich aufstand, Licht anmachte und mit der Schildwache zu uns heraufkam, da er glaubte, daß wir aus dem Gefängnis ausbrechen wollten. Er fand bei seiner Untersuchung jedoch alle Türen verschlossen und ebenso in den Stuben alles in größter Ordnung. So schloß er wiederum die Türen und begab sich weg. Kaum waren wenige Minuten vergangen, so schien es uns, als ob jemand mit eisernen Schuhen die Treppe hastig heraufkäme. Gleich darauf fingen auch die beiden neben uns eingekerkerten Mägde ganz laut zu schreien an und beschwerten sich, daß ein großer Kerl mit eisernen Händen und Füßen sie beinahe erdrückt hätte, aber wieder hinausgelaufen sei. Und während wir noch über diesen Vorfall uns unterhielten, drang der verwünschte Kobold auch schon in unsere Stube ein, zog die Pantoffel eines der Kaufleute an, ging einige Male die Stube auf und ab und verschwand.

Seit dieser Zeit wurde mir und meinem Kameraden der Aufenthalt in diesem Zimmer sehr lästig. Wir baten daher, in dem größeren Raume, wo acht Gefangene ihre Betten hatten, schlafen zu dürfen; der Stockmeister gestand uns dies zu und bewilligte auch, daß wir des Nachts Licht brennen durften. Für eine Weile ließ dann der große Lärm nach; der Kobold gab nur ein Zeichen, wenn einer der Gefangenen entlassen werden sollte, und zwar durch dreimaliges Klopfen an der Bettstelle desjenigen, der freikam. Dies glückliche Los traf zuerst meinen Kameraden.

Ich hatte etwa vier Wochen in diesem für mich so schrecklichen Aufenthalt zugebracht, als der Vetter, von dem ich das Essen erhielt, mich besuchte und mir erklärte, daß mein Vater mir alle meine tollen Streiche vergeben wolle, falls ich bereit sei, den Wunsch meiner Familie, insonderheit meiner Mutter, zu erfüllen und meine theologischen Studien fortzusetzen; anderenfalls würde ich zeitlebens eingesperrt bleiben. Diese Drohungen machten jedoch keinen Eindruck auf mich, sondern verbitterten mich nur noch mehr gegen die Meinigen. Ich versicherte ebenso aufrichtig wie entschieden, daß ich mich niemals dem geistlichen Stande widmen werde, und sollte ich in dem Gefängnis verfaulen.

Mittlerweile suchte ich mir, so gut es ging, die Zeit zu vertreiben. Unseren Fenstern gegenüber lag ein Haus, das auf den Hof des Gefängnisgebäudes sah; an letzteren stieß auch das Haus, in dem der Fiskal wohnte. Als ich einst am offenen Fenster aus voller Kehle sang, traten zwei in jenem Hause wohnende Mädchen an ihr Fenster, um den Sänger im Käfig zu hören. Es wurde ein Gespräch zwischen uns angesponnen, und da sie noch jung und lustig, wie ich selbst, waren, so machten wir von fern Bekanntschaft und brachten einen großen Teil des Tages an unseren Fenstern zu. Dies war aber durchaus nicht nach dem Geschmack des Herrn Fiskals, der seine Arbeitsstube auf dieser Seite hatte und durch den von uns verursachten Lärm arg gestört wurde. Er ließ mir durch den Stockmeister mein Betragen untersagen; ich antwortete jedoch, daß ich ein Gefangener sei, der kein sonstiges Vergnügen und keine Arbeit habe. Anstatt zu schweigen, bemühte ich mich, noch stärker zu singen als bisher.

Der Fiskal, durch ein solches Benehmen aufs äußerste aufgebracht, befahl dem Stockmeister, daß er mich in ein anderes, von dem bisherigen entferntes Zimmer einsperren solle. Infolgedessen holte mich dieser mit einer Schildwache ab und führte mich nach dem oben erwähnten Gelaß mit doppelten eisernen Türen, in welchem ein Kriminalverbrecher, der gerädert werden sollte, an die Wand angeschmiedet war. Ich war über eine solche Zumutung tief empört und erklärte dem Stockmeister rundheraus, daß ich auf keinen Fall in dieser Gesellschaft bleiben würde. Als er Gewalt anwenden wollte, stieß ich ihn zurück und rief meine Mitgefangenen zu Hilfe. Nachdem ich diesen versichert hatte, daß ich den Fall dem Parlament anzeigen und mich über das Benehmen des Fiskals beschweren würde, traten nicht nur meine acht Stubengenossen, sondern auch noch einige der im Gefängnis sitzenden Militärpersonen vor und beteuerten einstimmig, daß sie auf keinen Fall zugeben würden, mich mit einem Kriminalverbrecher einsperren zu lassen, und daß sie meine Klage an das Parlament mit unterschreiben würden.

Dies blieb nicht ohne Wirkung. Da der Stockmeister und die Schildwache sich nicht trauten, mit einer solchen Überzahl anzubinden, so ging ersterer zum Fiskal und berichtete ihm über den Vorfall. Auch dieser steckte andere Saiten auf und ließ mir sagen, ich möchte die Güte haben, ferner nicht so laut am Fenster zu schreien, weil ihn dies in seiner Arbeit störe. Ich gab zur Antwort, daß ich mich nicht nach ihm genieren werde, und setzte für die Folge auch meine Unterhaltung mit den erwähnten Mädchen fort, unterließ jedoch das Singen, um dem Fiskal mehr Artigkeit zu zeigen, als er gegen mich bewiesen hatte. Bald darauf ließ ich den Herrn Vetter bitten, zu mir zu kommen, erzählte ihm, wie niederträchtig der Fiskal mich hatte behandeln wollen, und bat ihn, eine

Klage in meinem und meiner Mitgefangenen Namen durch einen geschickten Mann entwerfen zu lassen. Ich ersuchte zu diesem Zweck meine Kameraden, welche fast alle gleichfalls unter der Härte des Fiskals gelitten hatten, mir ihre sämtlichen Beschwerden gegen ihn mitzuteilen, und schickte meine Aufzeichnungen darüber zur ferneren Besorgung an meinen Vetter, der sich der Sache eifrig annahm und es bewirkte, daß eine betreffende Klagschrift dem Parlament eingereicht wurde. Das schließliche Ergebnis war, daß eine genaue Untersuchung der Beschwerde verfügt und der Fiskal seines Amtes entsetzt wurde, weil er verschiedene Betrügereien gegen die Gefangenen sich hatte zuschulden kommen lassen.

Sooft mein Vetter mich besuchte, was mindestens alle Sonntage auf eine Stunde geschah, redete er mir zu, den Willen der Meinigen zu erfüllen. Ich blieb gegen alle diese Vorstellungen hartnäckig. Um eine nützliche Beschäftigung zu haben, bat ich den Vetter, mir einen Rechenmeister zu verschaffen. Gleich am anderen Tage schickte er mir einen solchen, den ich drei Monate lang behielt und durch dessen Unterricht ich gute Fortschritte machte. Ich schrieb hierauf meinem Vetter und meldete ihm, daß ich mich zur Erlernung der Handlung entschlossen habe. Er möge mich in eine entsprechende Lehre bringen und könne versichert sein, daß ich mich ganz zur Zufriedenheit meiner Angehörigen aufführen würde. Ich bekam auf diesen Brief keine andere Antwort als die mir durch unseren Vetter mündlich bestellte Nachricht, daß ich nicht eher aus dem Gefängnis entlassen werden würde, als bis ich mich entschlossen hätte, in den geistlichen Stand zu treten.

Ich war über diese Härte der Meinigen ganz außer mir, und da mich zufällig der Unteroffizier, der meinen ersten Kerker mit mir geteilt hatte, besuchte, schüttete ich mein Herz vor ihm aus.

»Zu Ihrer Befreiung will ich wohl Rat schaffen«, sagte er mir. »Wollen Sie Soldat werden? Ich habe einen sehr guten Kapitän, der sich freuen wird, einen so gut gewachsenen Dragoner zu bekommen.«

Ich antwortete, daß ich mich meines Wissens nicht anwerben lassen dürfe, solange ich im Gefängnis sei.

»Sie sollen nicht im Gefängnis angeworben werden, und ich werde dafür sorgen. Nächsten Sonntag komme ich nach der Kapelle, um die Messe zu hören. Das Anwerbungsinstrument sowie die nötigen Zeugen mit Tinte und Feder bringe ich mit; Sie unterschreiben, wir attestieren, und zwar alles in der Stille. Nach der Messe lege ich das Instrument dem Kapitän zur Genehmigung vor.«

Obgleich ich nach meinen früheren Erfahrungen nicht gerade noch große Lust zum Soldatenstande empfand, so stand mir die Freiheit doch so hoch, daß ich sie, es möchte kosten, was es wolle, zu erkaufen entschlossen war. Ich ging daher bereitwillig auf die Vorschläge des Unteroffiziers ein und bat ihn nur, die Sache möglichst zu beschleunigen.

Es war an einem Mittwoch, als wir unsere Verabredung getroffen hatten, und die Zeit bis zum Sonntag schien mir eine Ewigkeit zu sein. In der neben dem Torweg unseres Gefängnisses belegenen Kapelle hatten sich der Unteroffizier und die Zeugen pünktlich zur Messe eingefunden. Das bis auf die Unterschrift fertige Instrument wurde mir vorgelegt, ich nahm die Feder unter die Betbank, unterschrieb und stellte mich sodann mit gefalteten Händen ganz besonders andächtig, um allen Argwohn zu beseitigen.

Nach der Messe entfernte sich der Unteroffizier, und wir Gefangenen wurden nach unseren Zimmern zurückgeführt; ich war so aufgeregt, daß ich des Mittags nichts essen konnte und kein Wort sprach. Nach 3 Uhr kam der Kapitän, verlangte den Stockmeister zu sprechen und forderte nach Vorzeigung des Anwerbungsinstruments meine sofortige Loslassung, da ich dem Könige und nicht mehr meinen Eltern angehöre. Der Stockmeister schien aus den Wolken zu fallen. Er erwiderte dem Kapitän, daß dieser nicht befugt sei, jemanden im Gefängnis anzuwerben, und daß er mich ohne Befehl meines Vaters, wenigstens ohne Anweisung seines ihm vorgesetzten Fiskals, nicht loslassen dürfe.

»Possen«, antwortete der Kapitän, »Rouanet ist in der Kirche angeworben und nicht im Gefängnis. Er ist nicht auf Grund eines richterlichen Urteils eingesperrt worden, und es ist eine große Wohltat für ihn, wieder in die Luft zu kommen. Ich werde mich sogleich zu dem Herrn Fiskal begeben und Ihnen den Befehl zu seiner Loslassung bringen.« Nach kaum einer halben Stunde kehrte er mit dem Befehl zurück, daß ich entlassen sei, daß jedoch der Kapitän nachträglich die Genehmigung meines Vaters beizubringen habe.

Ich verließ also an der Seite meines Kapitäns das Gefängnis, wurde sogleich als Dragoner eingekleidet und gefiel in dieser grünen Uniform einem jeden. Nachdem mir mein Quartier in der Kaserne angewiesen worden war, kehrte ich in das Gefängnis zurück, um meine Garderobe abzuholen. Hier ließ ich meinen bisherigen Mitgefangenen von dem erhaltenen Gelde einige Flaschen Wein auftischen und etwas zu essen geben. Auch der Stockmeister und seine Familie mußten an meiner Freude Anteil nehmen; beim Abschied sagte mir jedoch jener: »Junger Herr, nur nicht so fröhlich. Ich glaube, Sie werden bald wieder Quartier bei mir haben.« Ich achtete wenig auf diese Reden, sondern lachte ihn aus. Dann ging ich in mein Quartier und schlief mit meinen Kameraden, denen ich ebenfalls einen Willkommen gespendet hatte, ganz ruhig.

Am andern Morgen in der Frühe wurde ich dem Kommandeur, einem würdigen Manne, vorgestellt. Er fragte nach meinem Herkommen und freute sich, wie er sagte, einen so schlanken, hübschen Dragoner gekapert zu haben, meinte aber, daß ich wohl nicht lange beim Regiment verweilen würde. Zugleich empfahl er mir, mich gut aufzuführen; er würde seinerseits versuchen, mich mit den Meinigen und besonders mit meinem würdigen Vater, den er ganz genau kenne und dem er viele Verbindlichkeiten schuldig sei, zu versöhnen, aber auch auf meiner Seite solle aller Groll aufhören. Dann stellte er mich den übrigen Offizieren, welche mit auf der Parade waren, vor, und auch diese freuten sich über meine Gesichtsbildung und Gestalt. Nachdem ich entlassen war, begab ich mich zu meinem Herrn Vetter, der mir während meiner Gefangenschaft so viel Gefälligkeiten erwiesen hatte. Dieser, der von meinem neuen Stande noch nichts wußte, wunderte sich nicht wenig, mich in meiner Dragonermontierung zu sehen, machte mir aber die eindringlichsten Vorwürfe und hieß mich nicht einmal niedersetzen; ich ging ganz niedergeschlagen nach meinem Quartier, verzehrte meine Soldatensuppe und machte dann noch einen Spaziergang, auf dem ich die beiden Mädchen besuchte, mit denen ich aus dem Fenster des Gefängnisses mich unterhalten hatte. Ich setzte übrigens diesen Umgang später nicht fort, weil mir die Mädchen in der Nähe weniger behagten und ich einige Male junge Herren bei ihnen antraf, die ihnen die Kur machten.

Bald nahm auch das Exerzieren zu Pferde und zu Fuß seinen Anfang; es wurde mir zwar sehr sauer, ging jedoch gut vonstatten, und schon nach 14 Tagen konnte ich leidlich reiten. Solange ich noch Geld in der Tasche hatte, tat ich mir etwas zugute; es wurde indessen schnell so dünn, daß ich mich mit dem Traktament begnügen und manchen Tag krumm liegen mußte. Nach einer Dienstzeit von etwa acht Wochen wurde ich von einem Unteroffizier beschuldigt, ihm ungehorsam gewesen zu sein und seine Anweisung, auf die Parade zu kommen, nicht befolgt zu haben. Der Kapitän schickte mich, ohne mich anzuhören, nach meinem ersten Quartier, nämlich ins Gefängnis zurück. Ich erhielt nur mein geringes Traktament und mußte mit meinen anderen dort eingesperrten Kameraden auf der Erde auf einem Bund Stroh schlafen. Ich war so verzweifelt, daß ich meinen Eigensinn verwünschte und den Entschluß faßte, mich dem Willen meines Vaters zu fügen. Meine Bitte an den Herrn Vetter, zu mir zu kommen, wurde von diesem abgelehnt; er ließ mir sagen, daß er mit einem solchen Taugenichts nichts zu tun haben wolle und mich meinem Schicksal überlassen müsse. Diese Behandlung empörte mich; nach einiger Überlegung mußte ich aber einsehen, daß er recht habe. Ich schrieb ihm und bat ihn inständig, er möge nicht so hart gegen mich verfahren; ich müßte am Ende verhungern. Hierauf schickte er mir einmal des Tages zu essen, kam aber persönlich noch immer nicht.

Da ich nun schon 14 Tage saß und nicht begreifen konnte, daß man mich abseiten des Regiments für die unrichtige Anzeige des Unteroffiziers so hart bestrafen wolle, da das mir angedichtete Vergehen jedem anderen nur einen Arrest von 24 Stunden eingetragen haben würde, so bat ich den Stockmeister um Auskunft. Er teilte mir mit, daß das Regiment mit mir nichts mehr zu tun habe; ich sei aus dem Militärdienst entlassen, jedoch auf Antrag meines Vaters, der das Nötige mit dem Kommandeur des Regiments abgemacht habe, aufs neue eingesperrt worden. Ich solle mich an die Worte erinnern, die er bei der Entlassung aus dem Gefängnis zu mir gesprochen habe. Seine Vermutung, daß ich ihn bald wieder besuchen würde, sei eingetroffen; ich solle ihm aber nicht wieder ohne Bewilligung meines Vaters entkommen und ich solle auch nicht mehr so viel Freiheit genießen, wie ich früher genossen hätte.

Da der Vetter mir seinen Besuch verweigerte, so schrieb ich sehr bewegt an meine Mutter und bat den Vetter, den Brief zu besorgen, was er auch tat. Nach acht Tagen kam der Vetter zu mir und brachte mir die freudige Nachricht, daß meine Mutter zwar entsetzlich böse auf mich sei, ihm aber den Auftrag erteilt habe, mich keine Not leiden zu lassen. Er riet mir, mich gut aufzuführen, was ich auch versprach. Ich bat ihn, mir einige lateinische und theologische Bücher zu beschaffen, um mir die Zeit zu vertreiben und mich auf meine weiteren Studien vorzubereiten. Er meldete dies meinem Vater, und nach einem Zeitraum von zwei Monaten wurde ich aus dem Gefängnis wieder entlassen, nachdem der Stockmeister die letzten vier Wochen mich sehr gut behandelt und mich mit Betten versehen hatte.

Ich habe früher einen Spuk erwähnt, der in dem Gefängnis tobte und der, wenn ein Gefangener entlassen werden sollte, dreimal auf dessen Bettstelle schlug. Auch bei mir traf dies in der letzten Nacht ein. Am anderen Morgen gegen 9 Uhr meldete sich mein ältester Bruder, um mich abzuholen. Diese Wendung meines Schicksals war mir zunächst zwar sehr erfreulich; mein Herz war aber trotzdem beklommen, da ich das den Meinigen gegebene Versprechen schon wieder bereute und nicht willens war, es zu halten. Ich ritt mit meinem Bruder nach einem zweiten Gute unserer Eltern, wo ein altes Schloß mit einigen Zimmern sich befand und wo wir nach seiner Angabe den Vater antreffen würden.

Statt mich willkommen zu heißen, fragte mein Vater mich nur, ob ich bald ausgetollt haben und vernünftig werden würde. Um weiteren Vorwürfen und Predigten aus dem Wege zu gehen, versprach ich alles, was er nur verlangte, und so wurde Frieden zwischen uns gemacht. Nachdem mein Bruder uns verlassen hatte, setzten wir uns freundschaftlich zu Tisch. Mein Vater fragte wie im Scherz, wie es mir im Gefängnisse gefallen und ob ich keine Gespenster gesehen oder gehört habe, da sich seit einiger Zeit im zweiten und dritten Stock des Hauses ein Kobold hören lassen solle. Ich erzählte ihm, daß ich diesen Kobold beinahe täglich gehört hätte.

»Du wirst also mit einem solchen Kerl wohl bekannt sein und dich nicht fürchten, auch hier allein oben zu schlafen, um so mehr, da du zweimal Soldat gewesen bist und in zwei verschiedenen Regimentern gedient hast.«

Ich wollte meinem Vater zeigen, daß ich Mut hätte, und antwortete ihm, daß ich mich vor nichts fürchte. Mein Bett wurde in einer geräumigen Stube des oberen Geschosses, zu der ein Kabinett gehörte, zurechtgemacht; ich legte mich nieder, konnte aber, obgleich ich sehr müde war, lange nicht einschlafen. Es war heller Mondschein, und ich sah immer nach dem Fenster. Nach 11 Uhr regte sich etwas in dem anstoßenden Kabinett. Es kam mir vor, als ob jemand Wolle einsacke; ich setzte mich auf das Bett, und es war mir gar nicht wohl zumute, ich wollte jedoch zeigen, daß ich Herz habe, und fragte laut, was er, der Kobold, mit der Wolle machen wolle. Statt einer Antwort wurde auf der in einer Ecke der Stube stehenden Kommode mit zwei Stöckchen getrommelt. Ich sagte ganz laut: »Trommle, trommle nur, ich werde dazu pfeifen.« Kaum hatte ich dies gesagt, so kam jemand auf mein Bett zu und schlug die Gardine auf. Dies konnte ich nicht mehr ertragen, sprang aus dem Bett, riß das Fenster auf und rief, daß der böse Teufel sich zu seinen Genossen scheren solle. Ich schrie so laut, daß der Bediente meines Vaters, der den Befehl zu wachen erhalten hatte, mit Licht heraufkam. Der Kobold lief inzwischen die Treppe zur dritten Etage hinauf, und es hörte sich an, als ob man oben ein Fuder Steine abgeladen und in alle Winde zerstreut hätte. Den übrigen Teil der Nacht mußte der Bediente bei mir bleiben.

Am nächsten Tage reisten wir nach meinem Geburtsort Septfaux, wo meine Mutter mich mit aller Liebe empfing. Ich verweilte wohl 14 Tage ruhig und sorgenlos vergnügt im Schoß meiner Familie, ohne daß man mich zur Abgabe einer Erklärung aufforderte; nur ganz verblümt wurde zuweilen von meinem künftigen Stande gesprochen.

Das änderte sich jedoch, als unvermutet meine beiden Onkels, der Superintendent und der Parlamentsprokurator, zum Besuche anlangten. Beide nahmen mich ganz gehörig ins Gebet, tränkten mir alle meine bisherigen dummen Streiche ein und stellten mir vor, wie glimpflich man mich von seiten der Familie behandelt habe und wie ich eigentlich verdient hätte, daß man mich meinem Schicksal überließ. Ich solle bedenken, wie viele Kosten ich schon verursacht habe und was ich noch kosten würde. Ich solle daher reiflich überlegen, was ich zu tun willens sei, und meine Erklärung darüber binnen drei Tagen abgeben; sie wünschten, daß solche zur Zufriedenheit der Meinigen und zu meinem eigenen Wohle ausfiele. Nach dieser für mich nur allzu langwierigen Predigt wurde ich entlassen.

In der verlangten Frist hatte ich meine Willensmeinung schriftlich aufgesetzt. Ich erklärte endgültig, daß ich zum Geistlichen nicht geboren sei und lieber Soldat werden wolle, so schwer und lästig dieser Beruf auch für mich sein würde. Aber auch auf jede andere ehrliche Art wolle ich mein Brot zu erwerben suchen, während ich zu dem mir so verhaßten geistlichen Stande mich niemals entschließen könne.

Weder mein Vater und meine Mutter noch meine Onkels fühlten sich durch diese meine Erklärung zu einer Äußerung gegen mich veranlaßt; sie schienen damit ganz zufrieden zu sein. Mein Vater und meine Onkels reisten bald darauf ab, während ich mit meiner Mutter und meinem Bruder zu Hause blieb. Es mußten vorher jedoch Gespräche über die weitere Gestaltung meines Schicksals stattgefunden haben, die von einer Dienstmagd belauscht worden waren. Als mich diese einige Tage ganz wehmütig und weinerlich angesehen hatte, antwortete sie mir auf meine Frage, was ihr fehle, daß sie über meine Zukunft betrübt sei. Sie wollte anfänglich nicht mit der Sprache heraus, ich kajolierte sie aber und gab ihr gute Worte, bis sie mir endlich eingestand, daß mein Vater und meine Onkels nach Castres gereist wären, um einen anderweiten Haftbrief gegen mich auszuwirken; ich solle in strengen Arrest gebracht werden, aus dem ich für lange Zeit oder vielleicht sogar niemals entlassen werden würde.

Ich ließ die Magd nicht merken, welchen Eindruck diese Nachricht auf mich machte, dankte ihr für ihre gute Meinung und stellte mich ein paar Tage sehr vergnügt. Eines Morgens nahm ich jedoch die Flinte auf den Rükken und verließ das Haus mit der Angabe, daß ich versuchen wolle, einen Braten zu erhaschen.

Statt an die Jagd zu denken, versteckte ich jedoch Flinte und Jagdtasche in einem Gebüsch und ging, nur mit einigen Silbermünzen versehen, geradewegs nach dem einige Meilen von *Castres* entfernten Schlosse *Vergnoles*, dessen Gutsherr, ein Oberst Graf von *Toulouse-Lautrec*, wie ich zufällig erfahren hatte, zu dieser Zeit auf seiner Besitzung verweilte. Ich kam gegen Abend zu Castres an, logierte in einem Gasthofe der Vorstadt und trat am anderen Morgen, nachdem ich meine Kleidung in möglichste Ordnung gebracht hatte, meinen Gang nach Vergnoles an. Um 10 Uhr dort angelangt, ließ ich mich anmelden. Kaum hatte der Oberst meinen Namen vernommen, so ließ er mich in sein Zimmer treten, wo augenblicklich auch seine Frau und seine Kinder sowie ein Bruder von ihm sich befanden, der als Rittmeister in dem von dem Obersten befehligten Regiment Condé, schwere Kavallerie, diente.

Gut zumute war mir zwar nicht, ich erholte mich jedoch schnell und antwortete auf die Frage, was mein Begehren sei, daß ich mich in dem erwähnten Regiment anwerben lassen wolle. Es entspann sich folgendes Gespräch:

»Wer ist Ihr Vater?«

»Mein Vater besitzt eine spanische Tuchfabrik zu Toulouse, hat auch einige Landgüter und hält sich die meiste Zeit zu Septfaux, meinem Geburtsorte, auf.«

»Hat Ihr Vater nicht eine geborene Houles, Schwester des Parlamentprokurators Houles, zur Frau?«

»Ja.«

»Was für Gründe haben Sie, in den Militärstand treten zu wollen?«

Ich erzählte ihm aus meinem bisherigen Lebenslauf, was ich für gut hielt. Er billigte zwar nicht ganz, daß meine Eltern mich in den geistlichen Stand hatten zwingen wollen, sagte mir aber, daß er mich nicht anwerben wolle noch dürfe, da mein Onkel Houles sein besonderer Freund sei. Ich fiel auf die Knie und bat ihn flehentlich, mich zu retten, weil meine Anverwandten so aufgebracht seien, daß ich vielleicht das Tageslicht nicht wiedersehen würde, wenn sie mich in ihre Gewalt brächten. Sein Bruder gab ihm einen Wink; sie gingen in ein anstoßendes Zimmer, und als sie zurückkehrten, sagte der Oberst:

»Ich werde Sie anwerben in der Hoffnung, daß unser

Stand Ihnen gefallen wird und daß Sie sich dessen würdig machen werden.«

Er nahm hierauf ein förmliches Protokoll auf, das ich unterschreiben mußte, und bot mir an, mich ein paar Tage bei ihm aufzuhalten; er wolle inzwischen an meinen Onkel schreiben, um die Genehmigung meiner Verwandten einzuholen. Ich fiel vor ihm abermals auf die Knie und bat ihn, mich um Gottes willen nicht zu entlassen, weil ich sonst ein verlorener und unglücklicher Mensch sei. Er versicherte mir auf sein Ehrenwort, daß er mich nicht losgeben, sondern binnen kurzem zum Regiment schicken werde; ich solle bis dahin als Freund in seinem Hause bleiben und fordern, was ich nötig hätte. Auf meine Mitteilung, daß meine Kasse gänzlich erschöpft sei, ließ er mir sofort sechs Louisdor als Handgeld zahlen. Von diesem Tage an wurde ich wie ein Kind des Hauses behandelt; besonders hatten die Damen ihr Wohlgefallen an mir. Auch an meinen Onkel schrieb der Oberst und bat ihn, meinen Vater zur Bewilligung einer kleinen Zulage an mich zu bewegen; er bekam aber zur Antwort, daß mein Onkel nicht eine Feder für einen solchen Taugenichts, wie ich sei, ansetzen werde.

Wohl an acht Tage verweilte ich in Vergnoles, war aber, trotzdem es mir dort wohl gefiel, nicht ganz zufrieden. Bei einem Gange nach Castres, wo ich mir von dem erhaltenen Handgelde einige Hemden kaufte, suchte ich den Vetter, der mir während meiner Gefangenschaft so viel Gutes erwiesen hatte, auf und erzählte ihm meine ferneren Schicksale. Auch er war mit dem Verhalten meiner Eltern und meiner Onkels gegen mich nicht einverstanden; übrigens nahmen er und seine Frau mich sehr freundschaftlich auf.

Ein zweites Mal erbat ich mir von meinem Oberst die Erlaubnis, den Jahrmarkt in Castres zu besuchen, weil ich unter den dortigen jungen Leuten einige Bekannte hätte, die sich vielleicht gleichfalls anwerben lassen würden. Er bewilligte meine Bitte und versah mich zugleich mit einer Anweisung an einen dortigen Kaufmann, falls ich etwaige Werbegelder zu zahlen hätte. Ich nahm Quartier in einem sehr besuchten Weinhause, ließ die Trommel rühren und öffentlich ausrufen, daß, wer Lust habe, sich unter dem Regiment schwere Kavallerie von Condé anwerben zu lassen, sich zu melden habe. Es befanden sich in diesem Weinhause einige junge Leute, die bereits ziemlich stark getrunken hatten. Ich ließ noch weiteren Wein einschenken, und es glückte mir, durch Zureden zwei von ihnen zu kapern; ich führte die beiden hübschen Menschen sofort nach Vergnoles zu dem Obersten, der sich über meinen schönen Fang freute. »Ich habe noch drei Rekruten zu St. Pons«, sagte er mir. »Sie können in ein paar Tagen von hier abreisen und sich mit den beiden Leuten, die Sie angeworben haben, jenen anderen, die meine Befehle zum Abmarsch in St. Pons erwarten und sich inzwischen reisefertig machen werden, anschließen. Ich werde Ihnen das Kommando über die ganze Gesellschaft übertragen und Sie mit dem nötigen Gelde für den Marsch versehen.« Ich nahm diesen Beweis von Vertrauen mit Dank an.

Am dritten Tage verabschiedete ich mich von dem Oberst und seiner Familie und marschierte mit meinen beiden Rekruten ab. Außer dem Gelde für unseren Unterhalt wurden mir noch Briefe für den Interimskommandeur des Regiments und anderes übergeben. In St. Pons, das sechs Stunden von Castres entfernt ist, fanden wir die drei übrigen Rekruten reisefertig vor und setzten nach einem Ruhetage von dort unseren Marsch über *St. Agnan* fort. Da dieses Städtchen nur eine Stunde von *Crusy*, dem Gute meines Schwagers *de Terrail*, abliegt, so entschloß ich mich zu einem Besuche bei meiner Schwester. Ich kam mit meinen Rekruten in

Crusy an, brachte diese in einem Gasthof unter und begab mich in das Haus meines Schwagers, wo mir die Überraschung zuteil wurde, nicht nur ihn und meine Schwester, sondern auch meinen zufällig anwesenden Onkel, den Superintendenten, zu treffen. Ich wurde zunächst sehr kalt empfangen, besonders von seiten meines Onkels. Nachdem ich sie jedoch versichert hatte, daß sie sich in Zukunft über mich nicht mehr zu beklagen haben dürften und daß ich hoffte, im Militärstande, für den ich bestimmt zu sein schiene, mein Glück zu machen und Ehre einzulegen, wurden sie freundlicher. Bei der Abreise beschenkten mich meine Schwester und ihr Mann mit drei Louisdor, mein Onkel aber gab mir nichts als seinen Segen.

Es war das letzte Mal, daß ich einen von den Meinigen gesehen habe.

Unser Marsch war zunächst auf Lyon gerichtet. Wir berührten unterwegs das mir aus meiner ersten Militärzeit wohlbekannte *Béziers*, die alten berühmten Städte *Montpellier* und *Nîmes*, *Pont St. Esprit* mit seiner in 19 Schwibbögen über die Rhone führenden steinernen Brücke, *Valence* und die schöne Bischofsstadt *Vienne*. Zeit und Gelegenheit, uns umzusehen, hatten wir an diesen Orten freilich nicht. Am neunten Tage trafen wir in *Lyon* ein.

Hier hatte ich Briefe von unserem Oberst an einen dort auf Werbung stehenden Kapitän abzugeben. Er wies uns in einen Gasthof, wo wir sehr gut aufgenommen und verpflegt wurden, und sagte uns, daß wir, wenn wir dazu Lust hätten, fünf Tage in Lyon verweilen könnten. Er würde uns dann noch neun weitere Rekruten, die er angeworben hatte, zugesellen und uns durch einen Wachtmeister, der die Kasse führen solle, nach unserem Garnisonsort *Dôle* geleiten lassen. Er fragte mich, ob ich noch mit Geld versehen sei, weil er von dem Obersten den Auftrag habe, mich damit nötigenfalls zu unterstützen. Da ich aber mit den drei von meinem Schwager erhaltenen Louisdor gut gewirtschaftet hatte, konnte ich sein Anerbieten dankend ablehnen. Für jeden Marschtag erhielten wir 20 Sous oder nach preußischem Gelde etwa 6 Sgr. 4 Pf., womit wir bei dem guten und billigen Unterhalte sehr wohl fertig werden konnten.

Die Stadt Lyon, welche von der Rhone durchströmt wird, ist sehr groß und gibt Berlin nichts nach; sie ist schön gebaut und durch ihre ansehnlichen Fabriken, besonders Seidenfabriken, sowie durch ihren starken Verkehr sehr berühmt. Sie hat in den Revolutionskriegen, wie allgemein bekannt ist, stark gelitten. Es gefiel uns dort um so mehr, als unser Wachtmeister, der noch jung und munter war, uns in verschiedene lustige Gesellschaften sowie auch in die Komödien und Redouten einführte. Wir würden gern noch länger dort geblieben sein; mein Ehrgeiz ließ es aber nicht zu, daß wir dem guten Hauptmann zur Last fallen sollten, und so bat ich ihn am sechsten Tage, uns zum Regiment zu entlassen. Er war damit sehr zufrieden, gab dem mit uns abgehenden Wachtmeister die nötigen Anweisungen und wünschte uns eine glückliche Reise.

Es ist mir erinnerlich, daß wir noch sechs oder sieben Tagemärsche machten; die Namen der Städte, durch die wir kamen, sind mir jedoch meist entfallen. Nur das ist mir im Gedächtnis geblieben, daß wir uns den Burgunderwein in *Mâcon* gut schmecken ließen. Endlich langten wir glücklich in unserer Garnison zu *Dôle* an, wo wir sogleich kaserniert und dem Interimskommandeur Major *Pieton* vorgestellt wurden. Von diesem erhielten wir eine gute Vermahnung. Zu mir sagte er, ich solle mich gut aufführen, da ich nach dem von mir übergebenen Schreiben des Herrn Oberst ihm besonders empfohlen sei und auf Avancement diene. Fehle es mir an Geld zur

Anschaffung der etwa nötigen Wäsche usw., so solle ich mich an ihn wenden; ich müsse jedoch sparsam damit umgehen und nur das unbedingt Nötige kaufen.

Wir wurden hierauf militärisch eingekleidet, und es wurden uns unsere Quartiere angewiesen. Ich mußte das meinige mit sechs Mann teilen, und wir machten, wie es in Frankreich Sitte war, gemeinschaftliche Menage, so daß das Kochen nach der Reihe ging. Nachdem wir uns vier oder fünf Tage ausgeruht hatten, ging das Exerzieren zu Pferde und zu Fuß los.

Anfangs gefiel mir dies abermalige Soldatenleben so ziemlich, und es schien auch, als ob meine Vorgesetzten mit mir zufrieden wären. Als eines Tages der Inspekteur der Division eintraf, wurde unter anderen Rekruten auch ich ihm vorgestellt. Er gab mir seine Freude zu erkennen und machte mir Hoffnung, daß ich binnen kurzem zum Korporal befördert werden solle, wenn ich mich ferner gut aufführe, was ich auch versprach. Aber meine Stimmung schlug um, nachdem ich nichts mehr zuzusetzen hatte. Die große wie kleine Münze verging; von den Meinigen hatte ich nichts zu erwarten, und unser Oberst, von dem ich gute Nachrichten zu erhalten hoffte, blieb noch immer aus. Daß ich wie die übrigen Kürassiere den Futtersack auf den Buckel nehmen mußte, um die Fourage zu holen, war mir ebenso unerträglich wie das Füttern und Putzen der Pferde. So wurde mir der Dienst von Tag zu Tage beschwerlicher und das Soldatenleben schließlich ganz verleidet.

Es befanden sich bei unserem Regiment noch zwei andere ehemalige Studenten, die sich etwa ein halbes Jahr vor meiner Ankunft hatten anwerben lassen; an diese schloß ich mich an, und wir verabredeten, nach der Schweiz zu desertieren. *Dôle* ist acht bis neun Stunden von der Grenze entfernt; es lag uns daher um so mehr daran, unsere Pferde mitzunehmen, als deren Verkauf uns das nötige Geld verschaffen sollte. Dem stand aber die Schwierigkeit entgegen, daß wir ein Tor, das mit einer Schildwache besetzt war, passieren und über eine Brücke reiten mußten. Wir waren daher genötigt, unsere Flucht so lange aufzuschieben, bis einer von uns die Wache am Tore hatte; es war aber auch noch in Betracht zu ziehen, daß Tag und Nacht ein Kürassier im Stall wachen mußte.

Der Zufall war unserem Vorhaben günstig; es traf sich, daß an einem und demselben Tage einer von uns die Wache am Tore hatte, während mir die Stallwache zugewiesen war. Wir hatten uns mit Pulver und Kugeln wohl versehen; außer unseren Säbeln führte ein jeder zwei Pistolen und einen Karabiner bei sich, um sich im Notfall wehren zu können. Als Zeitpunkt für unsere Desertion hatten wir die fünfte Nachmittagsstunde uns ausersehen, in welcher die Offiziere gemeinsam zu Mittag zu speisen pflegten. Der dienstfreie Kamerad kam zu mir in den Stall und brachte verabredetermaßen einige Lumpen mit, mit denen wir die Hufe unserer Pferde bewickelten, um das Geräusch zu dämpfen. Einige Schritte vom Tore entfernt sollten wir nach unserem Plane haltmachen, bis unser dritter Kamerad, die Schildwache, uns durch ein weißes Tuch ein Zeichen geben würde, daß der Weg frei sei. Wir waren aber kaum angekommen, als wir das weiße Fähnlein wehen sahen und infolgedessen dreist zuritten. Schnell schwang sich auch die Schildwache auf das Pferd, das wir ihr zugeführt hatten, und wir sprengten davon. –

Uns waren weder Wege noch Stege bekannt, doch wußten wir, daß wir eine ausgedehnte Heide vor uns hatten. Nach kaum einer Stunde erreichten wir diese, ritten eine Strecke weit hinein und suchten uns dann, so gut es ging, im Dickicht zu verbergen, da wir glaubten, man würde uns nachsetzen. Es war eine sehr kalte Aprilnacht, und wir hatten weiter nichts als etwas Brot für uns und unsere Pferde mitgenommen. Wir hüllten uns in unsere Mäntel und versuchten zu schlafen, aber es gelang uns nicht, und wir waren froh, als endlich der Tag graute. Als es heller wurde, hörten wir in der Nähe Holz fällen; einer von meinen Kameraden ging nach dem Schall zu und traf zwei Köhler an, bei denen er sich nach den Wegen und ob auch viele Dörfer in der umliegenden Gegend wären, erkundigte. Zugleich bat er sie um etwas Heu für unsere armen Pferde, was sie auch sogleich holten. Da wir uns bei Tage nicht aus unserem Versteck herauswagen durften, so blieben wir den ganzen Tag in dieser Heide.

Gegen 7 Uhr abends setzten wir uns auf unsere Pferde, die wir mit Heu, Brot und Branntwein gefüttert hatten, und schlugen den Weg ein, den uns die Köhler bezeichnet hatten. Als wir nach einer Viertelstunde in einem Dorfe anlangten, rief uns ein Bauer vom Fenster aus an und fragte uns, wohin wir wollten. Wir wären vermutlich Deserteure oder Kontrebandiers, welche Kontrebande aus der Schweiz holen wollten. Wir gestanden ihm das erstere zu und baten ihn, uns gegen eine angemessene Belohnung als Wegweiser zu dienen. Auf unsere Anfrage, wie weit Dôle entfernt sei, antwortete er uns: »Kaum eine Viertelstunde.«

Wir waren also rückwärts statt vorwärts geritten. Uns als Wegweiser zu dienen, lehnte der Bauer ab, weil wir eine Brücke passieren müßten, die zur Verhütung der Kontrebande gewöhnlich von Strickreitern bewacht würde; doch wolle er uns zu seinem Schwager, einem Wassermüller, führen, der uns mit einem Kahn über den Fluß setzen könne. Dies Anerbieten nahmen wir mit Dank an; der Bauer ging voran, rief den Müller, der aus seinem Hause herauskam, und eröffnete ihm unser Anliegen. Er machte anfänglich viele Umstände und entschuldigte sich damit, daß er, wenn wir ertappt würden und ihn verrieten, zur Galeere verurteilt werden würde. Wir schworen ihm jedoch Verschwiegenheit zu, und endlich ließ er sich bewegen, uns überzusetzen, was auch sehr gut vonstatten ging. Als wir uns bei ihm nach dem weiteren Wege erkundigten, teilte er uns mit, daß dieser durch eine kleine Stadt führe, die mit Dragonern besetzt wäre, und daß wir infolgedessen viele Mühe haben würden, uns durchzuschlagen. Er willigte jedoch ein, uns bis dahin einen Wegweiser mitzugeben. Wir hatten uns in der Mühle eine Weile aufgehalten und die Pferde ein wenig gefüttert, so daß wir dieses Städtchen in der Morgendämmerung erreichten.

Von unserem Führer, der uns am Tor verließ, hatten wir erfahren, das nur das nach der Schweiz zu gelegene Tor mit einer Wache besetzt sei. Wir ritten also so vorsichtig wie möglich durch die Stadt auf jenes Tor. Als wir von fern das blinkende Kaskett der Schildwache gewahr wurden, gaben wir mit einem Male unseren Pferden die Sporen und sprengten in vollem Galopp durch das Tor, welches zum Glück offenstand. Als wir in der Entfernung von einigen hundert Schritten uns umblickten, sahen wir, wie die Schildwache durch ein Zeichen mit der Hand von uns Abschied nahm. In einem der letzten Häuser der Vorstadt, die wir noch zu passieren hatten, öffnete eine Frauensperson ein Fenster und fragte uns, ob wir nicht Deserteure wären. Auf unsere bejahende Antwort empfahl sie uns, den kleinen Fußsteig nach dem hohen Berg zu rechter Hand einzuschlagen. Wir würden bei einer der Mutter Gottes gewidmeten Kapelle vorbeikommen und sollten zunächst diese um ihre Hilfe anflehen. Wenn wir den Berg überstiegen haben würden, so würden wir links einen Meierhof erblicken, der von guten und wohlhabenden Leuten bewohnt sei; diese sollten wir bitten, uns den ferneren Weg zu zeigen. Wir folgten dem Rat dieses Weibes; der Berg war jedoch so steil, daß wir von unseren Pferden absteigen und diese führen mußten. Dazu fiel ein so dichter Nebel, daß wir uns gegenseitig kaum sehen konnten. Wir mußten auf der Höhe so lange rasten, bis es heller wurde; inzwischen hörten wir nicht ohne Bangen die dumpfen Töne der Glocken, die aus der tief unter uns liegenden Stadt zu uns heraufdrangen. Nach längerem vergeblichem Suchen entdeckten wir endlich auch einen Fußsteig, der uns nach dem von dem Weibe bezeichneten Meierhofe führte.

Wir nahten uns diesem mit Angst und Zittern. Einer von uns ging in das Haus und traf dort einen alten Mann mit seinen Angehörigen, die mit Wurstmachen beschäftigt waren. Der Alte kam heraus und forderte uns auf einzutreten. Wir folgten sehr gern dieser Einladung und baten um die Erlaubnis, uns und unsere ermatteten Pferde ein paar Stunden bei ihm ausruhen zu dürfen. Er ließ die Pferde sogleich in einen Stall führen und ihnen Futter geben; uns setzte er frische Wurst und Wein vor, die wir uns nach den erlittenen Strapazen recht gut schmecken ließen. Unser Wirt unterhielt sich mit uns über die starke Desertion aus Dôle. Er meinte, daß wir uns nicht zu ängstigen brauchten, da sein Hof sehr versteckt läge und man bisher nur sehr selten hier nachgesucht habe. Zur Vorsicht habe er jedoch seinen zweiten Sohn nach der Stadt geschickt, um zu ermitteln, ob man dort von Deserteuren und deren Verfolgung spräche; es sei ihm anbefohlen, sofort zurückzukehren, wenn er etwa derartiges erführe.

Um uns ein wenig ausruhen und dem Schlafe überlassen zu können, wies er uns in den Heuboden über dem Stall. Es war uns aber unmöglich, einzuschlafen. Wir lagen auch kaum eine gute Stunde auf diesem Heuboden, als der Sohn erschien und uns zu schleunigstem

Aufbruch mahnte, weil er in der Stadt vernommen hatte, daß einige Strickreiter beordert seien, uns zu verfolgen; unsere Pferde hatte er bereits aus dem Stall gezogen. Wir bedankten uns für die gute Aufnahme, stiegen auf und ritten ab. Ein junger Mensch, der uns bis in den Wald begleitet und uns dort die richtigen Wege geführt hatte, gab uns beim Austritt aus diesem Walde Anweisung, wie wir uns weiter zu verhalten hätten. Das rechts gelegene Dorf mit einem hohen Turm sollten wir vermeiden, weil dort gewöhnlich Strickreiter sich aufhielten; wir sollten links davon den Acker entlangreiten. Durch ein zweites, links gelegenes Dorf, das wir passieren mußten, riet er uns scharf zu reiten und uns dort nicht aufzuhalten, weil es von einer größeren Anzahl von Douaniers besetzt sei.

Wir befolgten diesen guten Rat, umritten das erste Dorf und langten nach einer weiteren Stunde, gegen 4 Uhr nachmittags, in dem zweiten an. Unterwegs waren wir einigen Landleuten begegnet, die uns als Deserteure erkannten und mit mitleidigen Augen ansahen. Im Dorfe trafen wir die Einwohner vor der Schenke versammelt, wo sie sich an Wein und Tanz vergnügten. Eingedenk der uns erteilten Warnung hielten wir uns nur so lange auf, um uns Brot und Branntwein geben zu lassen, und ritten schleunigst wieder davon. Wir hatten allerdings entdeckt, daß einige Douaniers auf uns aufmerksam geworden waren und sich in die Ohren flüsterten. Im Dorfe selbst hatten wir nichts von ihnen zu fürchten, weil die Einwohner für uns Partei ergriffen und unsere Verhaftung nicht zugelassen hätten. Dafür mußten wir uns auf eine weitere Begegnung mit ihnen gefaßt machen. In der Tat hatten sich sechs oder sieben Douaniers weggeschlichen und in dem nahe liegenden Tannenwald, den wir passieren mußten, versteckt. Als wir uns ihnen näherten, sprangen sie aus ihrem Hinterhalt hervor und befahlen uns, uns gutwillig zu ergeben. Dies war jedoch nicht unsere Absicht, und wir hatten in Erwartung eines solchen Vorfalls unsere Pistolen bereits scharf geladen. Nach einer Beratung von nur wenigen Sekunden ergriffen wir diese, zogen unsere Säbel und stürmten mit dem wie aus einem Munde hervorgestoßenen Rufe: »Siegen oder sterben!« auf die Kerle ein. Als diese sahen, daß es ernst werden solle und daß wir uns zu ergeben nicht geneigt seien, stoben sie auseinander und liefen davon.

Wir setzten unseren Weg in gestrecktem Galopp fort, hörten aber jemand hinter uns schreien. Wir erkannten in dem Rufer zwar einen Douanier, da dieser aber allein und ohne Waffen war, so hielten wir an, um auf ihn zu warten. Als er näher gekommen war, sprach er uns in folgender Weise an: »Ich sehe, daß ihr den Weg nicht kennt. Ihr habt noch drei Dörfer zu passieren, wo ihr Gefahr lauft, eingefangen zu werden; überdies sind es noch über drei Stunden bis zur Grenze, es wird finstere Nacht, und ihr werdet bei der Kälte mit euren Pferden umkommen. Wenn ihr mir trauen wollt, so werde ich euch ohne Gefahr auf Schleichwegen bis an die Grenze führen und verlange dafür keine besondere Belohnung als ein Paar Pistolen.« Wir beratschlagten unter uns, was wir in dieser Notlage am besten tun sollten, und entschlossen uns endlich, den Vorschlag des Douaniers anzunehmen; es wurde ihm jedoch erklärt, daß er vorangehen müsse und bei dem geringsten Verdacht eine Kugel durch den Kopf bekommen werde. Er ließ sich diese Bedingungen gefallen und erwiderte uns, daß nur sein gutes Herz und seine Menschenliebe ihn bewege, auf ein so gefährliches Unternehmen sich einzulassen, da es ihm wohlbekannt sei, daß wir totgeschossen werden würden, wenn man uns einfinge. Er kenne jedoch alle Wege und Stege und wir würden durch kein Dorf kommen.

Hierauf ging er voran und führte uns zunächst durch die Äcker eines Dorfes, in dem seine Mutter wohnte, vorbei an dessen Häusern.

Endlich gelangten wir an das Gebirge, das noch mit Eis und Schnee bedeckt war. Wir hatten bereits eine ansehnliche Höhe erreicht, als es so stockfinster wurde, daß man die Hand vor den Augen nicht sehen konnte. Unser Führer erklärte, daß es bei einer solchen Dunkelheit unmöglich sei, weiterzugehen; es wohne indessen in der Nähe ein Gutsbesitzer, ein alter, braver Mann, der einen einzigen Sohn und zwei Töchter habe und uns wohl eine Nacht beherbergen werde. Auf einem Seitenwege führte er uns nach dem Hof zu, klopfte an und brachte, nachdem aufgemacht worden war, unser Anliegen an.

Der alte Herr, der uns geöffnet hatte, machte anfangs einige Umstände, weil er unserem Führer, den er an seiner Montierung sogleich als einen Douanier erkannt hatte, nicht traute. Inzwischen war der Sohn des Hauses mit Licht herausgekommen, und zu meiner größten Freude entdeckte ich in ihm einen Kameraden, mit dem ich auf der Universität zu Toulouse zusammen gewesen war. Ich sprach ihn bei seinem Namen an, er erkannte mich gleichfalls, stürzte als alter Freund in meine Arme und hieß uns willkommen. Sogleich machte er Anstalt, daß uns unsere Pferde abgenommen und in den Stall geführt würden; auch der alte Herr, dem er mich als einen ehemaligen Universitätsgenossen und Freund vorgestellt hatte, wurde freundlicher und bedauerte, daß wir infolge des schlechten Weges und der Kälte so viel ausgestanden hätten; er führte uns nach dem warmen Ofen und gab seinen Töchtern Befehl, das Abendessen bald zu besorgen. Als der Sohn, der inzwischen für die Unterbringung unserer Pferde gesorgt hatte, ins Haus zurückgekehrt war, rief er mich in eine andere Stube und ließ sich von mir erzählen, unter welchen Umständen ich Soldat geworden und warum ich desertiert sei – vor allem aber, wie wir zu einem Douanier als Führer gekommen seien. Als ich ihm alle seine Fragen beantwortet hatte, wunderte er sich nicht wenig, daß wir das Glück gehabt hätten, so weit zu gelangen. Die Grenze sei allerdings noch eine Meile entfernt, und es seien noch zwei kleine Dörfer zu passieren, die wir jedoch vermeiden könnten, wenn wir uns immer rechts hielten. Um einem etwaigen Verrat des Douaniers vorzubeugen, werde er uns eine Stube anweisen, in der wir alle vier schlafen könnten. Wir sollten die ganze Nacht hindurch Licht brennen und die Tür fest schließen, so daß niemand heimlich hinausgehen könne. Wir setzten uns sodann einschließlich des Douaniers, der sehr artig behandelt wurde, mit der Familie zu Tische. Nachdem wir es uns recht gut hatten schmecken lassen, geleitete uns mein Freund nach dem für uns bestimmten Zimmer. Ehe wir uns niederlegten, sahen wir unsere Pistolen nach und setzten sie instand. Einer von uns mußte verabredetermaßen je zwei Stunden wach bleiben und zuweilen draußen nachsehen, ob sich nichts Verdächtiges hören ließ; dem Douanier dagegen war eröffnet worden, daß er das Zimmer nicht verlassen dürfe. Mit Tagesanbruch standen wir auf und meldeten uns bei unserem Wirte, der mit seinem Sohne die ganze Nacht hindurch gewacht hatte. Schon stand unser Frühstück bereit, wir empfahlen uns auf ewig von diesen guten Leuten und setzten uns zu Pferde.

Mit Vermeidung der beiden noch vor uns liegenden Dörfer gelangten wir schließlich in eine Heide, wo noch viel Schnee lag. Der Weg war so unsicher, oder vielmehr, es war wegen des Schnees so wenig von einem Wege zu erkennen, daß wir absitzen und unsere Pferde am Zügel führen mußten. So waren wir einige Zeit in der Irre gegangen, als unser Führer mit einem Male schrie: »Nun sind wir an der Grenze!« Dabei wies er uns eine große steinerne Säule, an der auf einer Seite drei Lilien, als das französische Wappen, auf der anderen Seite dagegen ein Bär, als das Wappen des Kantons Bern, eingehauen waren. »Sie werden«, so fügte er hinzu, »etwa in einer Viertelstunde nach einem Schweizer Dorfe gelangen, müssen sich aber immer etwas links halten, weil Sie sonst wieder auf französisches Gebiet kommen. Ich danke Gott, daß ich Sie so weit gebracht habe. Weiter mit Ihnen gehen darf ich nicht; denn wenn die Schweizer mich erblicken sollten, so würden sie mich steinigen.« Wir dankten ihm für seine Mühe und Treue, gaben ihm versprochenermaßen zwei Pistolen und vier Laubtaler, und er trennte sich von uns.

Da wir keinen Weg vor uns sahen, weil alles verschneit war, so gerieten wir zunächst in große Verlegenheit. Wir hielten uns jedoch gemäß der Anweisung des Douaniers etwas links und waren kaum einige hundert Schritte gegangen, als wir Holz fällen hörten. Als wir nach dem Schall zugingen, wurden wir einen Mann gewahr, der mit einem Leinwandüberhemde, wie es die Schweizer in dieser Gegend tragen, bekleidet war. Kaum hatte er uns seinerseits erblickt, als er das Überhemde abwarf und nun in der nämlichen Montur, die wir selbst trugen, vor uns stand. Er hieß uns willkommen und erzählte uns, daß er vor vier Monaten aus Dôle desertiert sei; auch wies er uns ein in der Niederung liegendes Dörfchen, wo wir bei einem wohlhabenden Eigentümer, der zugleich Gastwirt und Leutnant in der Miliz sei, sehr gut aufgenommen werden würden. Zugleich sagte er uns, daß wir uns mit unseren Pferden und unserer Armatur nicht sehen lassen dürften, weil nach einem mit Frankreich bestehenden Kartell Pferde und Armatur uns abgenommen und zurückgegeben werden müßten.

Wenn wir jedoch ihm folgen wollten, so würde er für den Verkauf der Pferde und der Armatur sorgen. Er führte uns nach einem nahe gelegenen Bergstall, der zur Unterbringung des Viehes während der sommerlichen Weidezeit bestimmt war, und bat uns, dort zu verweilen. Es dauerte kaum eine Viertelstunde, als er in Begleitung eines Pferdephilisters zurückkehrte, der uns für unsere drei Pferde und die Armatur ganze 160 französische Gulden bezahlte. Nach diesem Geschäfte, das für ihn glänzender ausfiel als für uns, setzte sich dieser Philister auf eines der Pferde, führte die beiden anderen neben sich und schlug schleunigst den Weg nach *Noyon*, einem jenseits des Genfer Sees gelegenen savoyischen Städtchen, ein. Wir belohnten unseren Helfer durch ein angemessenes Geschenk und ließen uns durch ihn noch nach dem Gasthause begleiten, wo wir von dem Wirt sehr freundlich aufgenommen wurden. Ich bemerke hierbei, daß nach kaum zwei Tagen ein aus einem Unteroffizier und zwei Gemeinen unseres Regiments bestehendes Kommando aus Dôle eintraf, um die Auslieferung unserer Pferde und unserer Armatur zu verlangen. Wir eröffneten ihnen, daß wir beides an einen Pferdehändler aus Noyon in Savoyen verkauft hätten, ließen Wein und Essen für sie auftragen und verabschiedeten uns von ihnen bei ihrer Rückkehr nach Dôle in aller Freundschaft.

Unser Wirt hatte drei Söhne und zwei wohlgebildete Töchter; die Söhne besorgten die Landwirtschaft und den Fischfang, während der verwitwete Vater mit den Töchtern die übrige Hauswirtschaft leitete. Ich war damals erst 19 Jahre alt und hatte noch nicht die Runzeln, die meine Stirn jetzt aufweist. Die jüngste Tochter des Hauses, eine Blondine von etwa 15 Jahren, gewann mich lieb. Ich erwiderte ihre Gefühle nicht; denn mir mißfiel ihre große Zudringlichkeit. Viel angenehmer war mir ihre Schwester, eine Brünette von etwa 18 Jahren, die sich gegen mich sehr zart benahm, obgleich sie nicht so hübsch und so munter war. Ich sagte zwar beiden Mädchen Schmeicheleien, aber in aller Ehrbarkeit und ohne ihrer Tugend zu nahe zu treten.

Auch mit dem reformierten Prediger des Orts, einem würdigen Veteran, machte ich Bekanntschaft. Um mich der Familie des Wirtes zu empfehlen, hatte ich ihnen weisgemacht, daß auch ich reformierter Konfession sei. Ich konnte mich daher nicht weigern, mit ihnen am Pfingsttag in die Kirche zu gehen und dort mit ihnen zu singen. Ein Glück für mich war es, daß ich einige Male den Andachtsstunden meiner Großeltern beigewohnt und, dank meinem guten Gedächtnis, einiges dabei aufgefangen hatte. Auch aus meiner Kenntnis der Bibel und der theologischen Bücher konnte ich manches entnehmen, so daß selbst der Prediger an meiner Zugehörigkeit zur reformierten Konfession nicht zweifelte. So herrschte ein allseitiges gutes Einvernehmen. Während meine Kameraden dem Wirt in der Wirtschaft halfen, unterhielt ich mich meist mit den Töchtern. Für Kost und Quartier hatten wir nur eine Kleinigkeit zu bezahlen.

Allmählich wurde die jüngste Tochter immer zudringlicher und gestand mir offen ihre Liebe. Ich fragte sie, wovon wir leben wollten, da ich weder Aussicht hätte, mich mit meinen Eltern zu versöhnen, noch für irgendeinen Erwerbszweig vorgebildet wäre.

Sie erwiderte, daß ihr Vater, dessen Liebling sie wäre, auch mir besonders gewogen sei und mich gern als Schwiegersohn aufnehmen würde. Ich könnte seine Rechnungsbücher in Ordnung halten und nebenbei dem Dorfschulmeister, einem sehr bejahrten und kränklichen Manne, als Gehilfe zur Seite stehen. Nach dessen Tode sei mir dann seine sehr gute Stelle sicher und wir würden, da auch der Vater uns gewiß möglichst unterstützen werde, unser reichliches Auskommen haben. Um sie loszuwerden, sagte ich zu allem »Ja«, bemerkte aber, daß ihre Schwester unruhig und sogar eifersüchtig zu werden schien.

So fragte ich, nachdem wir etwa sieben Wochen in diesem Dorfe uns aufgehalten hatten, einen meiner Kameraden, ob er nicht Lust habe, mit mir nach Genf zu gehen, das nur zwei Stunden entfernt lag. Er nahm meinen Vorschlag an, und ich eröffnete dem Wirt und seiner Familie, daß ich in Genf einen nahen Anverwandten habe, den ich besuchen und um seine Fürsprache zur Erlangung einer für mich passenden Stelle bitten wolle. Ich versprach zugleich der jüngsten Tochter, daß ich beim glücklichen Gelingen meines Vorhabens mich mit ihr verbinden wolle; es war jedoch keineswegs meine ernstliche Absicht, dieses notgedrungene Versprechen zu halten. Begleitet von den aufrichtigen Wünschen und den Tränen dieser guten Leute und unter der Zusicherung, bald wiederzukommen oder wenigstens in kurzem zu schreiben, reisten wir ab. Beide Mädchen gingen noch einige tausend Schritte mit uns; dann schieden wir auf ewig voneinander.

In *Genf* suchte ich sofort meine Vettern, die Gebrüder *Calas*, Söhne des zu Toulouse hingerichteten Jean Calas, auf und wurde, nachdem ich mich zu erkennen gegeben und meine Schicksale erzählt hatte, von ihnen sehr gütig empfangen. Sie nahmen mich sogleich in ihr Haus auf und versprachen, alles nur Mögliche für mich zu tun. Da sie eine große Färberei besaßen und einen ausgebreiteten Handel betrieben, so erbot ich mich, sie im Schreiben und Rechnen zu unterstützen, was auch angenommen wurde. Sie hatten viele gute und angesehene Freunde in der Stadt, und ihre Bemühungen, mir eine

Stelle als Kanzlist, Registrator oder Kalkulator bei der Regierung des Kantons zu verschaffen, blieben nicht ohne Erfolg. Ich sollte als Kalkulator angestellt werden, jedoch mit der Bedingung, vorher zur reformierten Konfession überzutreten, weil Katholiken vom Staatsdienste ausgeschlossen waren. Man gab mir acht Tage Bedenkzeit. Nach deren Ablauf erklärte ich jedoch geradeheraus, daß es mir unmöglich sei, die Konfession meiner Eltern, in der ich erzogen sei, zu verleugnen. Ich bat meine Vettern, an meinen schon wiederholt erwähnten Onkel Houles zu schreiben und ihn zu ersuchen, mich mit meinem Vater und den übrigen Anverwandten zu versöhnen, auch die Sache wegen meiner Desertion mit Oberst Graf von Toulouse-Lautrec zu ordnen.

Inzwischen entschloß ich mich, um nicht ganz müßig zu sitzen, die nächsten Städte Savoyens kennenzulernen, und wanderte zu Fuß nach Chambéry und Annecy bis zum Montblanc und an die Grenze von Piemont. Bei meiner Rückkehr nach Genf erfuhr ich von meinen Vettern, daß mein Onkel geantwortet habe, die Sache wegen meiner Desertion sei gleich nachher beigelegt worden; mein Vater wolle aber nichts mehr von mir wissen und sei gesonnen, mich völlig zu enterben. Ich bat die Vettern, noch einmal an den Onkel zu schreiben, und legte meinerseits einen sehr beweglichen Brief an meine Mutter bei. Ich stellte ihr darin vor, daß sie sowohl wie mein Vater und die übrigen Anverwandten an meinem Unglück und meiner Verzweiflung schuld wären, indem sie mich in einen Stand hätten zwingen wollen, zu dem ich keine Neigung hätte und gegen welchen mein Gewissen sich empörte. Wenn mein Vater mich gänzlich verwerfen wolle, so würde ich, um nicht vor Hunger zu sterben, gezwungen sein, den mir gemachten Vorschlag anzunehmen und zur reformierten Konfession überzutreten. Für meinen Leichtsinn und die infolgedessen begangenen Fehler wäre ich wohl genug gestraft. Sie würde aber gewiß selbst empfinden, daß mein Widerstand gegen ihre Wünsche kein unberechtigter war; denn Gott wolle keine erzwungenen und erkauften Diener. Ein solcher Zwang sei nach meinem Dafürhalten eine große Sünde und es könne der Segen Gottes unmöglich darauf ruhen. Ich stellte ihr ferner vor, daß ich gänzlich von Geld entblößt und daß es mir unerträglich sei, den guten Vettern Calas ferner zur Last fallen zu müssen. Ich würde jeden anderen Stand, den sie für mich auswählten, bereitwillig ergreifen, sogar den mir verhaßt gewordenen Militärstand, falls sie mir eine Leutnantsstelle kaufen und mich mit einer angemessenen Zulage unterstützen wollten.

Meine Mutter antwortete hierauf, daß ich zwar weder Schonung noch Mitleid verdiene und daß ich durch meine gräßliche Aufführung der Familie bereits ein schweres Geld gekostet habe. Der Vater habe sich aber doch schließlich bewegen lassen, mir noch einmal zu verzeihen. Ich könne zurückkommen, und sie wollten alsdann mit mir überlegen, für welchen Stand ich am besten passen würde; sie habe zugleich meine Vettern ersucht, mich mit dem nötigen Reisegelde zu versehen. Ich war über diese unerwartete Nachricht herzlich froh und machte mich zur Abreise bereit. Ich hatte noch einiges Geld von dem Verkauf meines Pferdes und meiner Armatur übrigbehalten und empfing außerdem noch zehn Louisdor von den Vettern Calas. So nahm ich von diesen sowie auch von dem Kameraden, der mich bis Genf begleitet und der sich dort unter den Stadtsoldaten hatte anwerben lassen, Abschied und begab mich, mit einem Paß aus Genf versehen, auf die Reise.

Ich nahm meinen Weg über Neufchâtel und stieg dort in einem mir empfohlenen Gasthofe ab. Zu meiner Überraschung wurde ich bei meinem Eintritt in das Gastzimmer einen jungen Menschen gewahr, der mit mir auf der Universität gewesen war, jetzt aber ganz niedergeschlagen dasaß und mich nicht gleich erkannte. Ich ließ mir ein Zimmer anweisen und erkundigte mich bei dem Gesinde, wie lange jener Mensch hier schon verweile und was ihn bedrücke; man sagte mir, daß er sich unter den Preußen als Soldat habe anwerben lassen. Ich nahm nunmehr Gelegenheit, mich ihm zu erkennen zu geben, und er erzählte mir, daß er aus Besançon desertiert sei und, da er von allen Mitteln entblößt war, Dienst unter den Preußen habe nehmen müssen. Dieser Entschluß täte ihm aber schon leid und er wolle versuchen, zu entwischen, wenn er nur mit einigen Franks versehen wäre; er würde dann nach Piemont gehen, um dort Soldat zu werden, weil er auf diese Weise in der Nähe der Seinigen bliebe, mit denen er sich allmählich zu versöhnen hoffe.

Ich versprach, ihn mit etwas Geld zu versehen, und unterhielt mich mit ihm ganz zutraulich über die Art und Weise, wie er seine Flucht am besten bewerkstelligen könne; denn es war mir nicht bekannt, daß ich mich zu Neufchâtel in einem dem Könige von Preußen gehörigen Lande befände. Leider war unsere Unterhaltung von einem Schweizer belauscht worden, der sich gleichfalls hatte anwerben lassen. Da er etwas deutsch sprach, berichtete er darüber an den im Zimmer anwesenden Unteroffizier, und dieser meldete den Vorfall an seinen Kapitän, einen Werbeoffizier namens *de Petit*, vom Thielschen Regimente, das damals zu Brieg in Schlesien garnisonierte.

Alsbald erschien auch der Kapitän und fragte mich in französischer Sprache, die er sehr geläufig und gut sprach, wie ich mich unterfangen könne, Leute, die sich freiwillig hätten anwerben lassen, zur Desertion verleiten zu wollen. Dieses leugnete ich. Es trat jedoch der vorerwähnte Schweizer vor, erzählte dem Kapitän unser Gespräch und gab an, daß ich den Rekruten sogar mit Geld habe versehen wollen. Der Kapitän erklärte hierauf, daß er mich unter diesen Umständen arretieren und nach Preußen transportieren lassen müsse. Er befahl den beiden anwesenden Unteroffizieren, mich nebst dem anderen einzusperren und zu schließen. Ich wehrte mich aus allen Kräften dagegen, worauf der eine Unteroffizier den Säbel zog, um mich zu fuchteln; ich riß ihm jedoch den Säbel aus den Händen und brach dessen Klinge über dem Knie entzwei. Erst nachdem die übrigen Unteroffiziere, welche dem Kapitän zu Gebote standen, herbeigerufen worden waren, gelang es, mich zu überwältigen.

Bei diesen Mißhandlungen rief ich den Wirt, der inzwischen herbeigekommen war, um seine Hilfe und seinen Schutz an und bat ihn, unter Berufung auf die schweizerische Freiheit, die dortigen Gerichte in Anspruch zu nehmen. Er ging auch hinaus und kam nach einer halben Stunde mit einem Manne zurück, der mit einer Allongeperücke, schwarzem Rock sowie einem langen schwarzen Mantel bekleidet war und ein großes Buch unter dem Arme trug. Er fragte nach allen Umständen, blätterte in dem Buche, las einige Stellen daraus vor, die ich aber nicht verstand, und verkündete schließlich, daß ich wegen versuchter Entführung eines preußischen Rekruten verurteilt sei, ebenfalls Dienst zu nehmen. Kaum hatte er diesen Ausspruch gefällt, so ergriffen mich die Unteroffiziere, schleppten mich nebst meinem Mitschuldigen in eine besondere Stube und legten mir Handschellen an.

Schon am zweiten Tage darauf erhielten wir Befehl zu marschieren. Vor der Abreise ermahnte mich der Hauptmann zu strengem Gehorsam und bot mir Handgeld an. Ich antwortete ihm trotzig, daß ich sein Geld nicht brauche und mich nicht betören lassen würde, solches anzunehmen. Er beteuerte auf seine Ehre, daß er es gut mit mir meine und daß ich mein Glück im preußischen Militärstande machen werde. Damit nahm er von uns Abschied.

II

In Potsdam und Breslau

Während des Marsches, der in kurzen Etappen erfolgte, blieben ich und jener andere Rekrut, um den ich ins Unglück geraten war, am Arme zusammengeschlossen, damit wir nicht entweichen konnten. Wir waren im ganzen neun Rekruten an der Zahl, und bis auf mich und meinen Kameraden waren alle lustig und munter. Ich konnte weder essen und trinken noch schlafen, und am dritten Tage wurde ich so kraftlos und an den Füßen so wund, daß die beiden begleitenden Unteroffiziere einen Wagen nehmen mußten. Da ich des Lebens völlig satt war, so erkundigte ich mich niemals nach den Namen der Länder und Städte, die wir passierten; ich weiß daher auch bis jetzt nicht, auf welchem Wege wir nach *Halle* kamen; nur erinnere ich mich, daß wir *Basel* berührten.

Nach großen Anstrengungen und Schmerzen langten wir endlich an diesem unserem ersten Ziele an, und noch am Tore wurden ich und mein Kamerad losgeschlossen. Wir wurden im Ordonnanzhaus untergebracht; ich war aber so erschöpft und krank, daß man sofort den Regimentschirurgus kommen ließ. Dieser erklärte, daß ich zunächst nicht imstande sei, weiterzumarschieren, und ließ mich nach dem Lazarett bringen; die übrigen Rekruten blieben im Ordonnanzhause und warteten hier, bis weitere noch bevorstehende Transporte eingetroffen sein würden. Dank meiner guten Natur und meiner Jugend sowie mit Gottes Hilfe war ich schon in acht Tagen wieder marschfähig, und wir begaben uns, nunmehr einige Dreißig an der Zahl, auf den Weg nach Berlin. Mit Rücksicht auf meinen Gesundheitszustand durfte ich nebst einigen anderen einen Wagen benutzen.

In Brandenburg, wo wir einen Ruhetag hatten, suchte der Adjutant des dort garnisonierenden Infanterieregiments uns im Ordonnanzhause auf. Da ich betrübt und stumm in einem Winkel der Stube saß und Tränen vergoß, trat er zu mir heran und befragte mich auf französisch, was mir fehle, wie ich hieße und woher ich wäre; denn er hatte von dem wachthabenden Unteroffizier vernommen, daß ich ein Franzose sei und nicht Deutsch verstünde. Ich erzählte ihm in Kürze meine Geschichte und vergaß nicht hervorzuheben, daß man mich mit Gewalt mitgeschleppt und daß einer der anwesenden Rekruten, den ich ihm zeigte, mich verraten habe. Er schritt sofort auf diesen zu und redete ihn gleichfalls auf französisch an. Unser Schweizer wollte zeigen, daß er Deutsch verstünde, und antwortete auf die Frage, wie er hieße, etwas vorlaut: »Charles Denis oder auf deutsch: Karl Dionisius.« Diese Antwort erschien dem Offizier keck und beleidigend. Als jener noch eine andere Frage ebenso trotzig beantwortete, zog der Leutnant den Degen und fuchtelte ihn damit ganz gehörig, indem er ihm bedeutete, daß er seinen Vorgesetzten nicht so dreist begegnen dürfe. Das war Balsam für meine Wunde.

Den Tag darauf kamen wir nach *Potsdam*. Hier standen in dem damaligen Regimente »Prinz von Preußen« und in der Garde viele Franzosen. Ich fragte einen von ihnen, der aus Neugierde nach dem Ordonnanzhause gekommen war, ob er mir nicht einen Gefallen tun und eine Vorstellung für mich an Friedrich den Großen befördern wolle, und er versprach es mir; ich setzte demnach ein Schriftstück auf, in dem ich die Art und Weise, wie die preußischen Werber gegen mich verfahren waren, schilderte und um meine Entlassung bat. Ich glaube aber kaum, daß dieses Gesuch jemals in die königlichen Hände gekommen sein wird.

Von Potsdam ging es nach *Berlin*, wo wir etwa acht Tage verweilten, und von dort weiter nach *Breslau*, da wir der schlesischen Armee zugeteilt worden waren. Ich befand mich noch immer in einem sehr üblen Zustande; meine Kräfte nahmen von Tag zu Tage ab, und ich konnte vor Mattigkeit kaum gehen.

In Breslau wurden wir alsbald dem Gouverneur der Provinz, Generalleutnant *von Tauentzien*, vorgestellt, der mich, da ich ihm als Franzose bezeichnet worden war, in meiner Muttersprache anredete und mich, nach verschiedenen vorausgegangenen Fragen, für sein eigenes in Breslau garnisonierendes Regiment bestimmte. Ich antwortete ihm dreist, daß ich nicht dienen würde, weil ich mich nicht freiwillig hätte anwerben lassen, sondern von preußischen Werbern mit Gewalt und in Ketten geschmiedet mitgenommen worden sei. Ich hätte meine Beschwerde hierüber bei meiner Durchreise zu Potsdam dem König übergeben lassen. Er sowohl wie die anderen neben ihm stehenden Offiziere lachten über meine Rede laut auf, und der General fragte mich noch einmal, ob das mein Ernst wäre. Als ich es bejahte, befahl er einem Unteroffizier, mich auf die Hauptwache zu bringen, wo ich Zeit haben würde, mich zu besinnen. Ein Widerspruch war vergeblich, und ich mußte folgen.

Von Neufchâtel aus hatte ich lediglich von meinem eigenen Gelde gelebt und keine Löhnung angenommen, weil ich fürchtete, dadurch meine Rechte zu vergeben. Meine Barschaft war bis auf vier oder fünf Taler zusammengeschmolzen; ich war krank und schwach, mußte auf der harten Pritsche liegen und täglich Vorwürfe darüber hören, daß ich nicht freiwillig dienen wolle, da ich doch dazu gezwungen werden würde. Diese Vorwürfe wurden mir von mehreren Franzosen gemacht, die in dem erwähnten Regiment standen und vermutlich zu mir abgeschickt wurden; sie redeten mir auf alle Weise zu und priesen mir die Herrlichkeiten, die ich genießen würde. Dies taten auch einige französisch sprechende Offiziere, die mich besuchten, insbesondere ein Leutnant *v. Schimonsky*. Er sagte mir unter anderem zum Trost, daß ich ohne Zweifel bald zur Garde versetzt werden würde und daß der Generalleutnant ihm aufgetragen habe, mich zu fragen, ob ich kein Handgeld annehmen wolle; er werde mir außerdem das volle Traktament, das mir von Neufchâtel aus gebührte, zahlen lassen.

Allmählich wurde ich mir klarer darüber, daß mir in der Tat nichts anderes übrigblieb, als mich in die vorhandene Lage zu fügen, zumal mir Herr v. Schimonsky sagte, daß ich nach abgeschlossener Kapitulation nur drei Jahre zu dienen haben würde. Daß mein Geld auf die Neige ging, beschleunigte meinen Entschluß. So willigte ich ein, in preußische Dienste zu treten, und machte eine Berechnung meiner Ausgaben von Neufchâtel aus, die an acht Louisdor betrugen; dagegen erklärte ich, auf ein Handgeld verzichten zu wollen. Der General schickte mir zehn Louisdor; ich wurde aus der Wache geholt, eingekleidet und in die Kompagnie des Majors *v. Calenberg* einrangiert. Dieser treffliche Mann, der geläufig Französisch sprach, sagte zu mir: »Mein Sohn, führe dich gut auf und halte dich hübsch reinlich. Ich werde dich im Dienste soviel wie möglich schonen, denn du sollst mich als Ordonnanz bedienen. Alle Mittage sollst du hier bei mir dein gutes Essen bekommen, damit du stärker und größer wirst.« Ich sagte ihm für dieses Wohlwollen meinen verbindlichsten Dank, versprach alles und verfehlte nicht, mich jeden Tag um die bestimmte Stunde einzustellen. Aber obgleich ich guten Appetit hatte und sehr gutes Essen bekam, mußte ich dennoch zusetzen.

Anfangs hatte ich nichts zu tun, als meinem Major, wenn er auf die Parade ging, seinen Mantel nachzutragen. Vormittags mußte ich mit einem Franzosen, der etwas Deutsch gelernt hatte, exerzieren. Dies dauerte aber gewöhnlich nicht lange; dann gingen wir, solange mein Geld reichte, meist in ein Weinhaus und ließen es uns dort gut schmecken. Später mußten wir uns mit Bier begnügen, das ich trinken lernte. So verging der erste Winter, den ich in Deutschland zubrachte. Im Frühjahr 1767 mußte ich gründlicher exerzieren lernen, wobei es manche Stöße absetzte. Angenehm war es für mich, daß der Prinz von Hohenlohe, der gleichfalls als Major beim Regiment stand, auf mich aufmerksam wurde und den Major v. Calenberg um die Erlaubnis bat, mich als Privatsekretär für seine starke französische Korrespondenz benutzen zu dürfen; ich bekam dadurch gute Zeit. Im August hielt König Friedrich der Große die Parade über die schlesische Armee ab. Die Rekruten des Regiments wurden ihm vorgestellt, und er ließ mich nebst zwei anderen für Weihnachten zur Garde nach Potsdam notieren. Nach dieser Musterung bezog die niederschlesische Armee bei *Rohaniz*, etwa sechs Meilen von Breslau, ein Lager, in dem wir uns drei Tage aufhielten. Sowohl dort wie auf dem Hin- und Rückmarsche gefiel es mir sehr wohl.

Bald nach unserer Rückkehr hatte ich ein Erlebnis, das für mich leicht verhängnisvoll hätte werden können.

Es befand sich in unserer Kompagnie ein Franzose, dem das Soldatenleben nicht gefiel und der vor Heimweh kränkelte. Da ich ihm wohlwollte, so vertraute er mir, daß er desertieren und seine Flucht durch Schwimmen bewerkstelligen wolle. Wir waren eines Tages beide auf Wache; er stand Schildwache in der Stadt, ich auf dem Wall hinter einer Schanze. Er hatte sich vorgenommen, seinen Posten zu verlassen und zu mir zu kommen; mich bat er, still zu sein und ihn nicht anzurufen, wenn ich ein verdächtiges Geräusch hören würde. Die Finsternis und der Wind, welche an diesem Tage herrschten, schienen diesen Plan zu begünstigen, und ich ließ mich als junger, unerfahrener Mensch verleiten, ihm zuzustimmen. Wir waren kaum eine halbe Stunde auf unseren Posten, als mein Kamerad erschien, mir Lebewohl sagte und hinter der Schanze dem Stadtgraben zulief; ich hörte ihn ins Wasser klatschen und setzte meinen Gang auf dem Wall fort. Als die Runde kam, fand sie bei mir alles in Ordnung; ungefähr nach einer halben Stunde hörte ich jedoch die Lärmkanonen donnern, was das Zeichen war, daß jemand vom Militär desertiert sei. Sobald der Tag graute, wurde überall auf den Wällen und hinter den Schanzen gesucht; nahe am Graben wurde die Patronentasche des Entwichenen gefunden, während man seinen Rock, den er verloren oder abgeworfen hatte, im Graben selbst bemerkte. Gegen 6 Uhr morgens schon sprengte der Generalleutnant v. Tauentzien mit einem Adjutanten an der Wache vor und fragte den wachthabenden Leutnant, wer um die betreffende Stunde bei der Schanze Schildwache gestanden habe. Der Leutnant nannte mich, und der General befahl ihm, mich nach der Hauptwache zu führen.

Am anderen Morgen mußte ich vor dem Auditeur unseres Regimentes ein Verhör bestehen; da dieser nur sehr wenig französisch sprach und verstand, so wurde ein Franzose, der bereits einige Jahre gedient hatte und der deutschen Sprache ziemlich mächtig war, als Dolmetscher hinzugezogen. Der Auditeur fragte, ob ich kein Einverständnis mit dem Deserteur gehabt habe; es sei ganz unmöglich, daß ich ihn auf meinem Posten weder gesehen noch gehört haben könne. Ich antwortete, daß ich mit dem Deserteur niemals besonders vertraut gewesen sei. Daß ich ihn nicht gesehen hätte, läge an der großen Dunkelheit sowie daran, daß ich bald auf der einen, bald auf der anderen Seite des Walles einhergeschritten sei, so daß man hinter meinem Rücken sehr leicht durchschlüpfen konnte; wegen des starken Windes hätte ich auch nichts hören können. Ich wurde hierauf wieder nach dem Arrest und, nachdem zu Mittag die Wache aufgezogen war, zum General geführt, der mir sagte, daß ich nach meinem Quartier gehen könne.

Am dritten Tage wurde der Deserteur halb nackend wieder eingebracht. Bei dieser Nachricht wurde mir übel zumute; denn ich war nicht sicher, ob er die Sache ebenso angeben würde wie ich. Meine Befürchtung war jedoch unbegründet. Er leugnete im Verhör nicht nur, mit mir in Verbindung gestanden zu haben, sondern erzählte auch, daß er den Wall ganz vorsichtig ohne jedes Geräusch bestiegen und von weitem gelauert habe, bis ich ihm den Rücken kehrte; erst dann sei er hinter die Schanze, nach dem Graben zu, gesprungen. Der arme Teufel wurde zu 24maligem Gassenlaufen verurteilt und, nachdem er im Lazarett geheilt war, wiederum eingekleidet. Ich aber war noch einmal gerettet.

Weiteres über diesen meinen ersten Aufenthalt in Breslau weiß ich nicht zu berichten, da ich bei meiner Unkenntnis der deutschen Sprache dort nur wenige Bekanntschaften gemacht hatte. Allmählich nahte die Zeit heran, wo ich nebst den anderen für die Garde ausgewählten Mannschaften nach Potsdam transportiert werden sollte. Drei Tage vor unserem Abgang mußten wir bereits unser Bündel schnüren und wurden ins Ordonnanzhaus gebracht; am letzten Tage wurde ich durch einen Unteroffizier abgeholt, der mich zu Herrn Major *v. Calenberg* führte. Dort traf ich den Kapitän *de Petit*, der mich in Neufchâtel mit Gewalt zum Militärdienst gepreßt hatte, an. Er fragte mich, wie es mir ginge, und schien sich zu freuen, daß ich das Glück hätte, unter die Garde aufgenommen zu werden; ich würde dort eine ganz galonierte Uniform bekommen und täglich 16 Groschen Löhnung erhalten, so wie die Garde in Frankreich. Ich meinte, dieser von einem Kavalier gemachten Angabe glauben zu dürfen, und war über solche guten Aussichten nicht wenig erfreut; zum Abschied schenkte mir Kapitän *de Petit* noch einen Dukaten auf die Reise.

Als wir nach einem ganz angenehm verlaufenen Marsche in *Potsdam* anlangten, wurde ich freilich schwer enttäuscht. Ich wurde vorläufig noch in kein Bataillon eingestellt, sondern kam unter die Unrangierten, die sogenannte *»Baumschule«*; dabei behielt ich die Montierung, die ich bei meinem Breslauer Regimente getragen hatte, nur daß ich leider die neue Garnitur hatte zurücklassen müssen. Mein Quartier erhielt ich mit drei anderen Kameraden bei einem Fischer, und statt des erhofften Soldes von 16 Groschen täglich mußte ich mich mit einem solchen von acht Groschen für alle fünf Tage begnügen. Es tat mir infolgedessen bald leid, daß ich nicht unterwegs entwischt war. Denn da ich keine Unterstützung mehr empfing noch zu erwarten hatte, mußte ich mit diesen acht Groschen ohne Brot unter allen Umständen auskommen. Manchen Tag mußte ich ganz ohne Essen und Trinken mich behelfen; ich legte mich dann ins Bett und versuchte, Hunger und Durst durch Schlafen zu vertreiben. Nicht selten war ich genötigt, am Vormittag zwei Stunden zu exerzieren, ohne vorher etwas genossen zu haben.

So vergingen sechs bis acht Wochen, ohne daß meine Lage eine Besserung erfuhr. Eine solche war auch nicht zu erwarten, wenn ich in Zukunft einem Gardebataillone zugeteilt und eingekleidet werden sollte. Zwar erhielten diese Gardemannschaften für je fünf Tage zwölf Groschen, also vier Groschen mehr als wir; dafür aber mußten sie bei weitem mehr exerzieren, auf die Wache ziehen und andere Dienste verrichten, von denen wir dispensiert waren.

Jedoch sollte mir Hilfe auf andere Weise zuteil werden. Es wurde allmählich in der Garde bekannt, daß unter den neu angekommenen Unrangierten ein junger Franzose sich befände, der verschiedene Sprachen rede. Nun bestand damals in Potsdam eine von einem Unteroffizier geleitete angesehene französische Schule, welche die Kinder der vornehmeren und wohlhabenden Bürger besuchten. Dieser Unteroffizier, dessen Lehrmethode recht gut war, dessen Aussprache aber sehr viel zu wünschen übrigließ, kam zu mir und fragte mich, ob ich alle Tage zwei Stunden, eine am Vor- und eine am Nachmittag, in seiner Schule übernehmen wolle. Für jede Stunde versprach er mir ein Honorar von 1½ Groschen, mithin für täglich zwei Stunden monatlich drei Taler. Ich sprang vor Freude beinahe an die Decke und nahm sein Anerbieten mit herzlichem Dank an.

Ich muß hierbei bemerken, daß ich damals noch kein Wort Deutsch sprach oder verstand, da ich während meines kurzen Aufenthalts im Lande fast ausschließlich mit Franzosen umgegangen war und mich auch keineswegs bemüht hatte, Deutsch zu lernen. Die Absicht des erwähnten Lehrers ging nun dahin, daß ich mit denjenigen Schülern, die bereits etwas Französisch sprechen konnten, mich unterhalten sollte, ohne daß wir Gefahr liefen, ins Deutsche zu verfallen. Ich fing meine Stunden an, und er war mit mir wohl zufrieden. Auch lobte er mich gegenüber den Eltern seiner Schüler derart, daß einige von diesen neugierig wurden, mich näher kennenzulernen. Schon nach etwa 14 Tagen bat mich als erster der Sohn eines Kaufmanns *Helmholtz* im Namen seiner Eltern, diese doch zu besuchen. Ich folgte dieser Einladung; beide Eltern, die französisch sprachen, unterhielten sich aufs freundlichste mit mir, und das Ergebnis war, daß sie mich ersuchten, ihrem Sohne eine besondere Stunde im Hause zu geben. Diesem Beispiel folgten bald andere Familien, und nach einem Zeitraum von kaum sechs Wochen war ich so beschäftigt, daß mir nicht eine freie Stunde am Tage übrigblieb. Schließlich behielt der Lehrer, dem ich diese Wendung meines Geschickes zu danken hatte, nur diejenigen Schüler, welche der Sprache überhaupt noch nicht mächtig oder besonders schwach waren.

Im April 1768 bekamen die Unrangierten Ordre, sich in Sanssouci zu gestellen, weil der König die in den Bataillonen vorhandenen Lücken ergänzen wollte. Wir stellten uns in Reihe und Glied. Der König ging an unserer Front entlang und fragte einen jeden, wie alt und was für ein Landsmann er sei. Als ich meinerseits diese Frage nicht sogleich beantwortete, sagte ihm der ihn begleitende Adjutant, daß ich ein Franzose sei und nicht Deutsch verstünde. Der König redete mich sogleich auf französisch an, und ich beantwortete ganz dreist alle seine Fragen. Als ich ihm aber das Verfahren seiner Werber gegen mich erzählen wollte, ging er weiter, ohne mich anzuhören. Ich verblieb für diesmal noch unter den Unrangierten.

Von dieser Zeit an begann ich mich in der deutschen Sprache zu üben. Ich bat einen meiner Kameraden, der etwas Französisch verstand und eine schöne Hand schrieb, mich ein wenig zu unterrichten, was er auch sehr gern tat. Ich lernte mit Benutzung guter Vorschriften die Buchstaben nachmachen und allmählich auch etwas von der deutschen Aussprache; da ich bei Tage nur wenig freie Stunden hatte, mußte ich zu diesen Studien freilich die Nacht zu Hilfe nehmen. Binnen einem halben Jahre hatte ich so gute Fortschritte gemacht, daß sich ein jeder wunderte. Nur das Sprechen oder vielmehr die Aussprache wurde mir sehr sauer, und ich wurde dabei sehr oft ausgelacht; ich kehrte mich aber nicht daran, sondern suchte mich zu bessern.

Es war beinahe ein Jahr verflossen, als der König die Unrangierten wiederum zu sich beordern ließ, um unter ihnen eine Auswahl zu treffen. Diesmal fiel das Los auch auf mich, und ich wurde in das dritte Bataillon Garde eingestellt. Meine Lage wurde dadurch nicht wesentlich verändert. Wenn ich zu Anfang auch öfters exerzieren mußte, so dauerte dies doch kaum 14 Tage. Mein Kapitän, der im übrigen ein sehr strenger Mann war, gewann Gefallen an mir und gab mir einen seiner Neffen, der bereits Offizier unter der Garde war, in Unterricht. Von dieser Zeit ab war ich für gewöhnlich vom Exerzieren und allen sonstigen Dienstverrichtungen dispensiert; nur im Frühjahre mußte ich in jeder Woche dreimal am Exerzieren teilnehmen und ebenso die drei Manövertage im September mitmachen.

Nach und nach vermehrten sich meine Bekanntschaften in der Stadt, und es fehlte mir niemals an zahlreichen Schülern von beiden Geschlechtern. Vorzüglich aber erteilte ich Unterricht an Offiziere, weil diese nach dem Willen des Königs die französische Sprache zu lernen gezwungen waren. Aber noch ein anderer Wirkungskreis stand mir bevor. Zwei oder drei Jahre nach meiner Ankunft in Potsdam wurde ich eines Tages beordert, mich recht ordentlich und reinlich anzuziehen, weil ich am anderen Morgen in aller Frühe durch einen Adjutanten des Königs nach Sanssouci abgeholt werden würde. Ich konnte die ganze Nacht vor Aufregung nicht schlafen, zog mich so gut an, wie mein Militäranzug es erlaubte, und erwartete den Adjutanten, der bereits Punkt 5 Uhr erschien. In Sanssouci meldete er mich an, und ich wurde sogleich vorgelassen.

Der König betrachtete mich mit seinen durchdringenden Augen und sagte, er habe vernommen, daß ich viele Personen sowohl vom Zivilstande wie auch Offiziere in der französischen und lateinischen Sprache unterrichte. Er fragte sodann:

»Wer bist du? Wer sind deine Eltern, und leben sie noch? Wo hast du studiert, und wer sind deine Lehrer gewesen?«

Ich beantwortete alles in Kürze und gab an, daß die Jesuiten in Toulouse meine Lehrer gewesen seien.

»Der französische Lehrer im Pagenhause, den man Professor schimpfte, ist gestorben. Ich will dir diese Stelle mit zwölf Talern Gehalt monatlich mit dem Beding geben, daß du fleißig und ordentlich bist. Du gibst zwei Stunden vor- und zwei Stunden nachmittags und kannst morgen den Anfang machen. Ich werde die desfalls nötigen Befehle erteilen.«

Hierauf wurde ich entlassen. Ich fing den Tag darauf meinen Unterricht an und versuchte zunächst über die Kenntnisse und die verschiedenen Persönlichkeiten der zwölf Pagen mich zu informieren, fand aber leider, daß sie sowohl schlecht unterrichtet wie auch ganz verwildert waren. Da sie gar keine Aufmerksamkeit bewiesen und nicht folgen wollten, beschwerte ich mich bei dem Kapitän, der ihr Vorgesetzter war, und bat ihn, diejenigen, die mir kein Gehör geben wollten, bestrafen zu lassen. Fortan mußte ein Unteroffizier während der Stunden anwesend sein, um die Ungehorsamen zur Anzeige zu bringen, und die Wirkung blieb nicht aus. Gern hätte ich auf diese Stelle, die zwar ehrenvoll, aber auch nicht ungefährlich war, ganz verzichtet, zumal die Belohnung nicht eben königlich genannt werden konnte und ich die Zeit, die ich dafür opfern mußte, besser und angenehmer hätte verwenden können; ich durfte jedoch dem königlichen Willen nicht widersprechen.

Bald nach meiner Anstellung als Pagenlehrer wurde ein Rekrut namens *Leisten* in meine Kompagnie einrangiert, der nicht nur ein vorzügliches Deutsch, sondern auch französisch wie ein geborener Franzose sprach. Er besaß überhaupt eine gelehrte Bildung, war noch anderer fremder Sprachen mächtig und hatte eine feine Erziehung erhalten; dagegen war sein Lebenswandel nicht ganz zu rühmen. Da ich mit Lehrstunden überhäuft war und er sich bereit fand, französischen, lateinischen und deutschen Unterricht zu übernehmen, so führte ich ihn in verschiedene Häuser ein, unter anderem bei dem königlichen Küchenschreiber *Roebel*, dessen 14jährige Tochter ich in der französischen Sprache hatte unterrichten sollen, was ich jedoch wegen Mangel an Zeit nicht hatte annehmen können.

Mit Genehmigung unseres Kapitäns entschlossen wir uns, in Gemeinschaft auch eine eigene Wirtschaft zu begründen, verzichteten auf das uns angewiesene Kompagniequartier und mieteten eine möblierte Stube, für die wir monatlich vier Taler Courant bezahlten. Wir hielten uns auch eine besondere Aufwärterin, die uns das Essen aus einem Speisehause sowie auch unsere übrigen Bedürfnisse holen mußte. Wir spannen dabei jedoch durchaus keine Seide. In den Kontobüchern, die für uns bei einigen bekannten Kaufleuten angelegt worden waren, wurde alles mit doppelter Kreide angeschrieben, und auch die Aufwärterin betrog uns, wo sie konnte. Wir verdienten zusammen im Monat wenigstens 80 bis 90 Taler. Bei unserer guten Lebensweise sowie infolge jener Betrügereien konnten wir jedoch mit diesem reichlichen Verdienst nicht auskommen, sondern gerieten in Schulden. Dies erfuhr unser Kapitän, ein prächtiger wohlwollender Mann namens *v. Wachholz*. Er ließ uns zu sich kommen, stellte uns unsere unordentliche Lebensweise vor und erklärte, daß er es in die Hand nehmen wolle, ein paar gute Wirte aus uns zu machen. In dem Hause, wo er wohnte, war in der untersten Etage eine Stube zu vermieten, in die er uns einzuziehen vorschlug. Wir nahmen dieses Anerbieten mit Dank an, vertauschten auf den Rat des Kapitäns unsere betrügerische Aufwärterin mit einer anderen und befanden uns bald wieder in geordneten Verhältnissen. Allerdings mußten wir auch eingezogener als vorher leben und durften des Nachts nicht mehr herumschwärmen.

Mein Freund Leisten machte inzwischen Bekanntschaft mit der Tochter des Hauswirtes, einem jungen unerfahrenen Mädchen von 16 Jahren, und nach einem Aufenthalt von etwa zehn Monaten war er gezwungen, sie zu ehelichen. Für mich entstand daraus die Notwendigkeit, mich von ihm zu trennen und ein anderes Quartier zu beziehen. Die neue einförmige Lebensweise, die ich nun führen mußte, wollte mir nicht gefallen, und ich suchte auch meinerseits Annäherung an das schöne Geschlecht zu gewinnen. Unter anderen Mädchen, mit denen ich bei einem Tanzmeister von meiner Bekanntschaft zusammentraf, zog mich die Tochter eines Fleischers namens *Köhler* durch ihre Schönheit und Liebenswürdigkeit besonders an. Ich wurde mit ihr näher bekannt und erhielt nicht nur ihr Jawort, sondern auch die Einwilligung ihres Vaters, der früher gleichfalls unter der Garde gedient hatte, jetzt aber seine Profession altershalber aufgegeben hatte und von seinem mäßigen Vermögen und einer kleinen Pension lebte. Ich bekümmerte mich aber wenig darum, ob meine Braut Vermögen hatte; sie war schön, und dies war es, was mich als einen jungen Menschen von 23 Jahren fesselte. Da unser Kapitän wußte, daß ich guten Verdienst hatte und eine Frau zu ernähren imstande war, so erhielt ich ohne

Schwierigkeit den königlichen Konsens zu meiner Verheiratung. Ich konnte aber leider meines Glückes nicht lange mich freuen; denn schon nach drei Jahren starb diese von mir so geliebte Frau, nachdem sie ein halbes Jahr lang bettlägerig gewesen war, an der Auszehrung.

Sie hatte eine jüngere Schwester, die freilich bei weitem nicht so hübsch war. Auf ihrem Krankenbette bat mich meine Frau, die mir auch die Pflege ihres 80jährigen Vaters ans Herz legte, noch kurz vor ihrem Ende, nach ihrem Tode diese ihre Schwester zu ehelichen, weil sie eine gute Gemütsart habe. Ich versprach ihr, diese Bitte zu erfüllen; sie legte unsere Hände ineinander, und ich mußte geloben, daß jene die Meinige werden solle. Sie war dadurch ersichtlich beruhigt und schien bis zu ihrem ungefähr 14 Tage später eintretenden Tode weniger zu leiden.

Ich kann den Schmerz, den mir dieser Verlust zufügte, nicht lebhaft genug schildern. Einige Monate blieb ich wie betäubt, konnte an keinem Vergnügen teilnehmen und war in den Lehrstunden gedankenlos. Meine Schüler hatten indessen ein wahres Mitleiden mit mir. Meine kleine Wirtschaft wurde einstweilen von einer Nichte der Verstorbenen, deren Mutter in der Gewehrfabrik verheiratet war, geführt. An eine Wiederverheiratung dachte ich zunächst nicht, zumal ich aus meiner ersten Ehe keine Kinder besaß.

Erst etwa ein halbes Jahr nach dem Tode meiner Frau, als ich wieder einmal ihren alten Vater besuchte und die Tochter mir die aufrichtigste Teilnahme an meiner betrübten Lage bezeugte, wurde ich meines Versprechens eingedenk und fragte sie, ob sie Wort halten und mich ehelichen wolle. Sie fiel in meine Arme, und der Vater gab uns seinen Segen.

Ich erbat und erhielt den Konsens zu meiner Wiederverheiratung, und der Hochzeitstag wurde einige Wochen darauf angesetzt. Da mein Quartier zu enge war, um die eingeladenen Gäste zu fassen, so hatte ein guter Freund mir seine Säle zu diesem Behufe eingeräumt. Es war an einem Sonntag im Monat März; ich wollte mich und meine Braut mit schönen Blumen schmücken und ging, um solche zu holen, zu einem Gärtner, der vor dem Nauenschen Tore wohnte. Als ich in seine sehr heiße Stube trat, wurde mir übel. Ich mußte wieder heraus, war aber kaum vor die Tür gelangt, als mir das Blut aus dem Munde hervorstürzte. Die Frau des Gärtners, die mir gefolgt war, erschrak darüber nicht wenig; sie brachte mir auf meine Bitte ein Glas frisches Wasser, und nachdem ich dies getrunken hatte, wurde das Blut wieder ruhig. Ich ersuchte die Frau, mir die Blumen nachzuschicken, und ging ganz sacht nach Hause, wo die Wirtsleute bei meinem Anblick gleichfalls erschraken. Der sofort herbeigerufene Kompagniechirurgus öffnete mir zunächst die Ader und berichtete über meine Erkrankung an den Regimentsarzt, der sogleich erschien, mir einige Arzeneien verschrieb und einen zweiten Aderlaß verordnete; ich mußte mich zu Bett legen und erhielt die Weisung, mich ganz ruhig zu verhalten. Unser damaliger Kommandeur, der spätere Kriegsminister *v. Rhodich*, dem der Regimentsarzt diesen Vorfall gemeldet hatte, bestimmte, daß die Hochzeit aufgeschoben werden solle; erst auf die Vorstellung des Arztes, daß dies füglich nicht geschehen könne, weil die Gäste eingeladen und alle Vorrichtungen getroffen seien, gab er nach, jedoch unter dem Vorbehalt, daß ich im Bett getraut werden müsse.

Es blieb uns nichts übrig, als uns in die Umstände zu schicken; die Trauung ging also nachmittags um 2 Uhr vor sich. Bei Tische, wo die Gäste trotz alledem sehr munter waren, mußte mein Freund *Leisten* mich vertreten; meine Braut hielt sich aber kaum eine Stunde dabei auf, sondern kam zu mir und leistete mir Gesellschaft. Der Kompagniechirurgus, der sich unter meinen Gästen befand, sah öfters nach mir und versorgte mich mit Arzeneien.

Noch ziemlich lange hatte ich unter den Folgen dieses Anfalles zu leiden, obgleich ich das Bett schon nach einigen Tagen verlassen durfte; ich hustete stark und warf dabei Blut aus. Es wurde mir in einer Woche dreimal zur Ader gelassen. Nach etwa 14 Tagen hörte zwar das Blutauswerfen auf, ich durfte aber weder Kaffee noch Wein oder Bier trinken, mußte die Speisen abgekühlt und die meisten säuerlich genießen und durfte mich auf keine Art erhitzen. Erst nach und nach erholte ich mich so weit, daß ich meinen Geschäften wie gewöhnlich nachgehen konnte. Meine Frau pflegte mich aufs beste, und zum Glück fehlten uns auch nicht die Mittel dazu; denn abgesehen davon, daß mein Verdienst aus den Unterrichtsstunden noch immer ein sehr guter war, hatte ich auch 2500 Franks von meinem Bruder aus unserem väterlichen Erbteil erhalten.

Ich muß hier einschalten, daß ich einige Jahre später, nachdem ich zu Potsdam meinen Aufenthalt genommen, an meinen Vater geschrieben und ihm über mein Ergehen berichtet hatte. Mein ältester Bruder meldete mir jedoch, daß jener bereits hinübergegangen sei und daß er mir in seinem Testamente ein Legat von 4000 Livres ausgesetzt habe. Mein Erbteil würde größer ausgefallen sein, wenn nicht von ihm die Kosten meines Studiums und der von mir begangenen kostspieligen dummen Streiche in Abzug gebracht worden wären. Die Summe von 2500 Franks hatte mir mein Bruder sogleich durch einen Bankier angewiesen, während er sich vorbehielt, mir den Rest nebst Zinsen später auszuzahlen. Er hat als ein rechtlicher Mann auch wirklich Wort gehalten, und ich habe die mir noch zustehende Summe kurz vor dem Kriege hier in Beeskow erhalten. Um das Verfahren meines Vaters nicht zu hart erscheinen zu lassen, will ich bemerken, daß nach den damals in Frankreich geltenden Gesetzen jedes Familienoberhaupt berechtigt war, denjenigen seiner Söhne, den er zur Verwaltung des Familiengutes für am meisten geeignet hielt, zum Haupterben einzusetzen. Dieser konnte nicht nur sämtliche Besitzungen zu einem von dem Vater bestimmten Werte übernehmen, sondern erbte auch von der hiernach ermittelten Gesamtmasse einmal die Hälfte und überdies von der zweiten Hälfte einen gleichen Anteil wie die sonstigen Erbberechtigten. Die Folge davon war, daß jüngere Söhne, um auskommen zu können, meist den geistlichen oder Soldatenstand wählten, während die Töchter, wenn sie keine standesgemäße Heirat schließen konnten, ihre Zuflucht in einem Kloster suchen mußten. Es hat dieses Schicksal ja auch meine beiden jüngeren Schwestern betroffen.

Die meiner Wiederverheiratung folgenden Jahre verliefen in der alten Weise. Auch mit meiner zweiten Frau lebte ich glücklich; wir zeugten auch einige Kinder, die jedoch wiederum starben. Wenn ich zunächst immer noch etwas kränkelte, so festigte sich meine Gesundheit doch schließlich so, daß ich den Anstrengungen meines Berufes gewachsen blieb. Diese waren sehr erhebliche; denn ich hatte so viel zu tun, daß ich mir bei Tage nicht eine halbe Stunde zur Ruhe gönnen konnte. Sogar des Sonntags unterrichtete ich des Vor- und Nachmittags einige Handlungsdiener und Buchhalter, die mir die Stunde mit zwölf Groschen bezahlten. Reichtümer konnte ich trotzdem nicht gewinnen; ich verdiente zwar viel Geld, es ging aber auch viel darauf, insbesondere weil meine Tätigkeit eine außerordentliche Sorgfalt und Propretät meiner Kleidung erheischte. Ich ging beständig in seidenen Strümpfen und Eskarpins. Schon um

4 Uhr des Morgens im Sommer und um 6 Uhr im Winter mußte sich mein Friseur bei mir einfinden, da meine Stunden, die erst um 10 Uhr abends ein Ende nahmen, im Sommer um 5 Uhr und im Winter um 7 Uhr anfingen. So führte ich im ganzen ein ziemlich knechtisches Leben, zumal in den letzten drei Jahren meines Aufenthaltes in Potsdam, während welcher ich dem Kommandeur des Garderegiments, Herrn Oberst *v. Brüneck*, von 7 bis 10 Uhr abends Unterricht geben mußte.

Es kann daher nicht wundernehmen, daß ich den Aussichten auf eine andere Gestaltung meines Schicksals, die sich mir während dieser Zeit wiederholt eröffneten, zunächst nicht abgeneigt war.

Einige Jahre später, nachdem ich zur Garde versetzt worden war, hatte auch ein Prediger namens *Campe* bei dem damals in Potsdam garnisonierenden Regimente »Prinz von Preußen« eine Anstellung gefunden. Dieser liebenswürdige Mann, zugleich ein geschickter Lehrer, gründete eine Pensionsanstalt, in der Kinder aus den höheren Ständen in allen möglichen Wissenschaften und Sprachen unterrichtet wurden. Durch seinen Schwager *Hiller*, der als Buchhalter bei der Handlung *Diekow & Hildenbrand* angestellt war und von mir französischen Unterricht empfing, war ich mit ihm bekannt geworden und hatte es übernommen, täglich zwei Stunden in seiner Anstalt zu geben, die er mir mit monatlich einem Friedrichsdor für die Stunde bezahlte. In dieser Campeschen Anstalt traf ich gelegentlich auch mit dem Vorsteher des Philanthropinums in Dessau, Herrn *Basedow*, zusammen, der sich mit mir unterhielt und mit meiner Lehrmethode zufrieden zu sein schien.

Einige Zeit darauf gab Herr Campe seine Stellung in Potsdam auf und ging als zweiter Direktor des Philanthropinums nach Dessau, wohin er auch die meisten Zöglinge seines Pensionats mitnahm. Von hier aus erhielt ich von ihm ein Schreiben nebst einer versiegelten Einlage an meinen Kommandeur, Herrn *v. Rhodich*. Er teilte mir darin mit, daß man gesonnen sei, mir die gut besoldete Stelle eines Professors für das Französische zu übertragen, und daß er meinen Kommandeur ersucht habe, mich gegen Stellung von zwei Männern meiner Größe und Jugend aus dem Militärdienst zu entlassen. Ich übergab das gedachte Schreiben an Herrn *v. Rhodich*, der es erbrach und, nachdem er es gelesen hatte, lächelnd zu mir sagte: »Die Herren in Dessau scheinen Ihnen ja sehr gewogen zu sein. Sie müssen aber wissen, daß auch wir brauchbare Leute gern haben. Sie haben hier Ihr reichliches Brot, werden von Ihren Schülern und Vorgesetzten geschätzt und geachtet und genießen alle möglichen Freiheiten. Wenn es an der Zeit und nötig ist, werde ich auch weiter für Sie sorgen. Ich werde in diesem Sinne an den p. Campe schreiben, und Sie können ihm auch Ihrerseits über meine Meinung berichten.« Damit war ich abgefertigt.

Ähnlich erging es mir bei einem anderen Anlaß. Mein Bruder hatte mir geschrieben, ob ich nicht in mein Vaterland zurückkehren wolle. Er und meine übrigen Verwandten hätten sich durch einen besonderen Kanal mit dem französischen Gesandten in Berlin, Marquis *Dupont*, in Verbindung gesetzt, und dieser habe versprochen, bei Seiner Majestät dem Könige meine Entlassung zu erlangen. Zugleich hätten meine Verwandten eine Anstellung als Leutnant in einem Dragonerregiment für mich ausgewirkt, weil sie glaubten, daß ich für den Militärstand am besten passen würde. Zum Zwecke meiner Rückreise wurden mir wiederum 1500 Livres bei dem Direktor der Gewehrfabrik, Bankier *Sydow* in Potsdam, angewiesen.

Auch dieses Schreiben legte ich zunächst Herrn *v. Rho-*

dich vor. Er las es aufmerksam und sagte sodann zu mir: »Ich nehme zwar viel Anteil an Ihrem Wohle, Sie müssen aber nicht glauben, daß Ihr Glück durch eine solche Anstellung in der französischen Armee gegründet wäre. Sie sind nicht mehr ganz jung, und es werden viele Jahre vergehen, ehe Sie unabhängig werden können; bis dahin werden Sie unter dem Druck eines beschwerlichen Dienstes seufzen müssen. Ich rate daher zur Annahme eines solchen Vorschlags nicht und werde, wie ich Ihnen vielfach versprochen habe, seinerzeit für Sie sorgen. Gehen Sie nach Hause, überlegen Sie ernstlich, was Sie zu tun willens sind, und benachrichtigen Sie mich von Ihrem Entschluß.« Nach reiflicher Überlegung antwortete ich meinem Bruder, wie mir mein Gönner geraten hatte. Ich dankte ihm und den übrigen Anverwandten für ihren guten Willen und setzte ihnen die Gründe auseinander, die mich verhinderten, ihr Anerbieten anzunehmen. Herr *v. Rhodich*, dem ich dies meldete, zeigte große Freude darüber.

Im Jahre 1778 entspann sich der Krieg wegen der bayerischen Erbfolge, und es hatte zunächst den Anschein, als ob auch ich mit zu Felde müsse. General *v. Rhodich*, der Chef des vierten Gardebataillons geworden war, versprach mir zwar, für meine Entlassung zu sorgen, sobald der König die Kompagnie komplettieren und die Invaliden (unter deren Zahl ich aufgeführt war) verabschieden würde. Infolge des schnellen Aufbruchs konnte dies aber nicht geschehen, und auch die Unrangierten mußten mit nach *Breslau* marschieren. Immerhin hatte der General durchgesetzt, daß ich nebst einigen Kranken und Invaliden, über welche zwei Unteroffiziere die Aufsicht führten, vorläufig zurückbleiben durfte; auch erhielt ich von ihm die Zusicherung, daß ich der erste sein solle, der seine Entlassung bekommen würde. Die

Garde und mit ihr die übrigen Regimenter marschierten am 10. April aus Potsdam ab, und die Pagen folgten nach. Ich verlor damit meine Schüler aus dem Militärstande und blieb auf diejenigen vom Zivil beschränkt, was zwar meinen Verdienst schmälerte, mir aber etwas mehr Ruhe verschaffte. Mittlerweile hatten die in Schlesien zusammengezogenen Truppen Kantonnements bezogen. Dort blieben sie einige Monate schlagfertig stehen, weil der Krieg noch nicht erklärt war, die Monarchen vielmehr noch mit Unterhandlungen beschäftigt waren.

Im Monat Juli erhielt ich von dem Kommandeur des dritten Gardebataillons, Oberstleutnant *v. Roeder*, den Befehl, mit den im Lazarett zurückgebliebenen Kranken und Invaliden nach *Breslau* zu marschieren oder vielmehr zu fahren; denn wir bekamen zugleich eine Anweisung auf Vorspann, konnten also unsere Reise in aller Bequemlichkeit ausführen. Herr v. Roeder ließ mich zugleich wissen, daß – weil der König die Bataillone noch nicht vollzählig gemacht habe – die Unrangierten sich noch in Breslau befänden. Dort weile auch noch unser Arzt, der nachmalige berühmte Generalstabschirurgus *Goercke*, und er habe diese Anweisung von ihm erhalten, für mich in Breslau Sorge zu tragen und mir ein gutes Quartier zu beschaffen. Ob die Bataillone bald vollzählig gemacht werden würden (wovon meine Entlassung abhing), sei zu bezweifeln, weil die Friedensverhandlungen bereits abgebrochen seien und die Feindseligkeiten nächstens beginnen würden. Einstweilen solle ich in Breslau die Aufsicht über die Montierungsstücke des Bataillons führen und ein richtiges Verzeichnis davon aufnehmen.

Goercke nahm mich als seinen Freund, Lehrer und Gevatter bei unserer Ankunft sehr freundlich auf, eröffnete mir aber, daß ich kein Bürgerquartier erhalten könne, sondern, so gut wie er, im Lazarett wohnen müsse, weil ich auf dem Krankenrapport stünde, den der König täglich sich vorlegen lasse; er sorgte jedoch dafür, daß ich ein gutes Bett und eine besondere Kammer bekam. Da ich ihn täglich besuchte, hatte ich Gelegenheit, viele wertvolle Bekanntschaften zu machen; denn er war als Arzt sehr geschätzt und wurde nicht nur von dem französischen und dem russischen Gesandten, die damals in Breslau sich aufhielten, zu Rate gezogen, sondern hatte auch in verschiedene Häuser Eingang gefunden.

Ich hatte einiges Geld von Hause mitgenommen; als Traktament erhielt ich alle fünf Tage zwölf Groschen, außerdem alle drei Tage Brot und wöchentlich zweimal Fleisch, womit wir bei der in Breslau herrschenden Wohlfeilheit recht gut auskommen konnten. Eines Mittagsessens bedurfte ich nicht, da ich an jedem Vormittag mit meinem Freunde *Goercke* frühstückte; denn für diesen, der das zweite im Kloster der Minoriten eingerichtete Lazarett leitete, wurde durch die Patres (obgleich Bettelmönche), die ihn auf Händen trugen, mehr als reichlich gesorgt. Des Nachmittags ging ich gewöhnlich vor einem Tore spazieren, kehrte um 5 Uhr zurück und ging dann oft noch in die Komödie, die sehr gute Akteure besaß. Der Direktor, mit dem ich durch *Goercke* bekannt geworden war, gab mir, sooft ich wollte, ein Freibillet. Um mir die Zeit zu vertreiben, fand ich mich meist schon sehr früh im Theater ein.

Eines Tages wurde ein besonders beliebtes Stück gegeben, so daß die Plätze in kurzer Zeit besetzt waren. Ein paar junge Damen, die etwas später kamen und keine Sitze mehr finden konnten, hatten sich hinter mich gestellt. Ich erhob mich und offerierte ihnen meinen Platz, was sie nach einigen Umständen und den gewöhnlichen Komplimenten auch annahmen, trotzdem sie nunmehr ein wenig gedrängt sitzen mußten. Ich trug außer meiner Gardemontierung mit roten Aufschlägen und silbernen Litzen einen blauen Überrock.

Eine von den Damen, die ganz besonders meine Galanterie pries und nicht genug bedauern konnte, mich meines Platzes beraubt zu haben, stellte an mich verschiedene Fragen: ob ich nicht zum Militär gehöre; was für ein Landsmann ich sei und warum ich mich nicht bei der Armee befände; ob ich vielleicht krank sei usw. Ich erwiderte, daß ich, wie sie an meiner Uniform sähe, beim Garderegiment stünde; ich hätte von dem Chef und Kommandeur des Regiments die Anweisung erhalten, über die Montierungsstücke zu wachen, sei von Geburt ein Franzose und habe mich in Potsdam mit dem Unterricht in der französischen und lateinischen Sprache beschäftigt; auch sei ich der Lehrer der zwölf königlichen Pagen gewesen. Sie würde wohl an meiner Aussprache erkennen, daß ich kein geborener Deutscher sei.

Die Dame erzählte mir hierauf, daß sie zwei Kinder, einen Sohn von neun und eine Tochter von zehn Jahren besitze, die in der französischen Sprache bisher von einem Militär der Breslauer Besatzung unterrichtet worden seien; dieser sei aber mit ausmarschiert und es sei zu befürchten, daß sie das Gelernte wieder vergessen würden. Sie fragte zugleich, ob ich wohl die Güte haben würde, den Unterricht fortzusetzen und ihren Kindern täglich eine oder zwei Stunden zu geben. Ihr Mann sei Justizkommissarius und selten anwesend; er würde sich aber unendlich freuen, wenn seine Kinder durch einen gebildeten Mann, wie ich zu sein schiene, unterrichtet würden. Sie bezeichnete mir ihre Wohnung und bat mich, sobald meine Geschäfte es erlaubten, sie zu besuchen. Dies alles sagte sie mir mit der größten Artigkeit und Anmut, und ich versprach ihr, schon am anderen Tage ihren Wunsch zu erfüllen.

Als ich dieses Erlebnis meinem Freunde *Goercke* erzählte, beglückwünschte mich dieser unter herzlichem Lachen zu meiner neuen Eroberung und sprach die Vermutung aus, daß ich nicht verfehlen würde, mein Glück bei dem dasigen schönen Geschlechte zu machen. Ich wurde darüber ein wenig empfindlich und antwortete ihm, daß ich zu Hause Frau und Kind habe und diesen getreu bleiben würde. Es war damit mein voller Ernst; denn ich war damals sehr bigott und versäumte niemals, in der Kirche der Elisabethinerinnen, deren Kloster neben unserem Lazarett lag, die Messe zu hören. Allerdings zog mich dahin vorzüglich ihr schöner und lieblicher Gesang. Auch in den übrigen Klosterkirchen, wo besonders schöne Musik gemacht wurde, streifte ich des Sonntags vor- und nachmittags umher.

Übrigens verfehlte ich nicht, schon am nächsten Tage der Einladung der Frau Justizkommissarius zu folgen, und traf sie mit ihrer mir schon bekannten Freundin und ihren beiden Kindern an. Ich wurde mit Herzlichkeit empfangen, prüfte die Kinder in der französischen Sprache und fand, daß sie begabt waren und guten Willen hatten. Nach dem Kaffee wollte ich mich empfehlen; die Dame bat mich jedoch, mit ihnen auch am Abend vorliebzunehmen, da sie bis dahin ihren Mann erwarte, der von einer Reise komme und sich freuen würde, meine Bekanntschaft zu machen. So stellte ich mich denn am Abend wieder ein und traf nunmehr den Mann an, der mich ebenfalls sehr freundlich aufnahm; er versicherte mich seiner besonderen Freude darüber, daß ich seinen Kindern Unterricht geben wolle, weil er dadurch Gelegenheit hätte, im Falle seiner Anwesenheit sich selbst in der französischen Sprache, die er sehr liebe, mit mir unterhalten zu können. Dieser Mann, der im Alter von etwa 40 Jahren stand, besaß viele Kenntnisse. Meine Unterrichtsmethode wie auch meine Behandlung der Kinder hatten seinen vollen Beifall; meinerseits hatte ich Zeit genug zur Verfügung und konnte Fleiß anwenden. Ich verlebte daher hinfort den größten Teil des Nachmittags in diesem Hause.

Durch die Frau Justizkommissarius wurde ich demnächst noch in ein anderes Haus eingeführt, nämlich bei einem Pfefferkuchenbäcker namens *Sommer*, einem sehr reichen Mann, der drei bis vier Gesellen hielt, sich aber wenig mehr um das Geschäft bekümmerte und am Nachmittage bis spätabends Gesellschaft suchte. Er war über 60 Jahre, seine Frau kaum 30 Jahre alt; sie hatten eine einzige Tochter von 11 Jahren, deren Erziehung und Bildung der Vater aber lediglich seiner Frau überließ. Auch sie ersuchte mich, ihre Tochter zu unterrichten, und ich ging gern darauf ein. Das Mädchen war sehr gelehrig und nicht minder artig und folgsam, so daß ich sie bald sehr gut leiden konnte. Meine Nachmittagsstunden wurden fortan zwischen beiden Häusern geteilt; die meiste Zeit widmete ich jedoch der zweiten Bekanntschaft, weil ich von der Frau ersucht wurde, jeden Abend dort zu essen und ihnen Gesellschaft zu leisten. Häufig ging ich mit der Mutter und der Tochter in die Komödie; falls gerade ein hübsches Stück gegeben wurde und die Mutter Abhaltung hatte, mußte ich die Tochter auch wohl allein hinführen. Für die Entreebillets wurde natürlich stets von der Mutter gesorgt. Auch die Gesellschaftsgärten, deren damals in Breslau viele vorhanden waren, wurden nicht selten von uns besucht, und es gefiel mir dort ganz besonders.

So verging der Sommer. Im Monat Oktober rückten die sämtlichen Garden wieder in Breslau ein und bezogen hier die Winterquartiere. Schon am Tage nach ihrem Einmarsch kam unser Regimentschirurgus, dessen hübsche Nichte ich in Potsdam als Braut eines Barons unterrichtet hatte, nach dem Lazarett und sorgte sogleich dafür, daß der Kompagniechirurgus und ich in der Stadt einquartiert wurden. Mir wurde ein sehr gutes und bequemes Quartier bei einem reichen Branntweindestillateur angewiesen.

Mein Leben gestaltete sich fortan etwas anders. Mit den Garden und dem König waren auch einige meiner früheren Potsdamer Schüler, Offiziere wie Bedienstete des königlichen Hofhaltes, eingerückt. Von diesen wurde ich sogleich ersucht, ihnen den Winter über auch in Breslau Unterricht zu geben; ich konnte mich dessen nicht weigern und verwandte dazu den Vormittag. Unter den Potsdamer Schülern befanden sich die Kinder des Geheimen Kämmerers *Aumann*, dessen Tochter sich später (nach dem Tode ihres Vaters) durch ihre Liebesintrigen berüchtigt gemacht hat. Von diesen, einem Leibjäger *Troja*, den Kammerdienern *Knopf* und *Aegidy*, bekam ich täglich so viel Kuchen, Schokolade, Wein und andere Delikatessen, daß neben mir auch mein Chirurgus und mein Feldwebel sich gütlich tun konnten und wir nicht einmal alles verbrauchten. Ich bedurfte dieser Zuwendungen nicht, da ich meinen Tisch im Hause des Pfefferkuchenbäckers hatte, wo ich täglich von nachmittags 5 Uhr bis um 10 Uhr abends verweilte. Ich führte dort nicht nur ein herrliches Leben, sondern wurde auch gut bezahlt.

Natürlich versäumte ich nicht, der Familie auch meinerseits Aufmerksamkeiten zu erweisen. Mein Freund *Goercke* hatte großen Einfluß auf die Leute des damaligen Prinzen von Preußen, des nachmaligen Königs Friedrich Wilhelm II., der ein großer Musikliebhaber war und eine eigene Kapelle unterhielt. Durch Goerckes Vermittlung erhielt ich Gelegenheit, den von dieser Kapelle veranstalteten Konzerten nicht nur selbst beizuwohnen, sondern dabei auch meine Schülerin einzuführen. Mein Wert bei den Eltern stieg dadurch sehr hoch, so daß ich bei ihnen nach dem bekannten Sprichwort Hahn im Korbe wurde und ansehnliche Präsente erhielt. Als ich einmal krank wurde, ließ es sich die Mutter nicht nehmen, mich zu besuchen, mir zu meiner Pflege eine Aufwartefrau zu besorgen und alle durch meine Krankheit verursachten Kosten zu tragen. Als ich mich erholt hatte und wieder imstande war, zu ihnen zu kommen und meinen Unterricht fortzusetzen, war ihre Freude eine große.

Zu Anfang des Jahres 1779 wurde der Befehl gegeben, daß alle in Breslau befindlichen Truppen wieder ausrücken sollten, da der Feind sich an den Grenzen gezeigt hatte und mit diesem bereits einige Scharmützel vorgefallen waren. Von meinem Bataillonskommandeur, Herrn *v. Roeder*, erhielt ich indessen die Anweisung, in meinem Quartier zu bleiben und weiterhin die Aufsicht über die Montierungsstücke zu führen. Wie gütig dieser edle Mann gegen mich gesonnen war, hatte ich schon einige Zeit vorher, als die Garden ihre Winterquartiere bezogen, aufs neue erproben können.

Es war damals ein Unteroffizier unseres Regiments namens *Nachtigal*, der später Kriegsrat im Kriegsministerium wurde, nach Potsdam kommandiert worden, um die beim Ausmarsch zurückgebliebenen Montierungsstücke abzuholen. Diesem gab ich den Auftrag, einen Ausländer, falls er zufällig einen jungen, hübschen und großen Mann fände, als Rekruten für mich anzuwerben; denn ich hatte den lebhaften Wunsch, vom Militärstande loszukommen, da ich befürchtete, bei längerer Dauer des Krieges schließlich ebensogut wie die anderen mit ins Feld ziehen zu müssen, zumal wenn mein Gönner, General *v. Rhodich*, nicht mehr bei uns sein sollte. Der gute Nachtigal brachte in der Tat einen hübschen jungen Mann von meiner Größe mit. Ich ging nun voller Freuden zu Herrn *v. Roeder*, trug ihm mein

Anliegen vor und bat ihn, beim König auf meine Entlassung anzutragen. Dieser schlug mir jedoch meine Bitte rundweg ab, und zwar mit der Äußerung, daß er es mir nicht gestatten könne, Geld für einen Rekruten auszugeben. Er ermahnte mich, Geduld zu haben, und gab mir sein Ehrenwort, daß, sobald der König die Bataillone ergänzen würde, ich meine Entlassung ohne Kosten erhalten solle. Ich mußte mit diesem Versprechen mich begnügen; der Rekrut, der für mich angeworben worden war, wurde eingekleidet, und ich blieb, der ich war.

Schon nach etwa sechs Wochen kehrten die Garden zurück, da ein Waffenstillstand abgeschlossen worden war und die Friedensunterhandlungen wieder begonnen hatten. Ich lebte wie bisher vergnügt und ohne Sorgen, setzte meinen Unterricht fort und war bei meinen beiden Damen stets willkommen, insonderheit bei Frau *Sommer*, die nicht aufhörte, mich mit Präsenten zu überhäufen.

Es stand mir jedoch noch ein unerwartetes Erlebnis bevor. Eines Tages fand ich in meinem Quartier ein Billet ohne Unterschrift, in dem mir gemeldet wurde, daß ich um 3 Uhr nachmittags in einem mir wohlbekannten Garten im Pavillon Nr. 4 erwartet würde; ich möchte aber ja ohne Begleitung kommen. Diese Einladung von einer unbekannten Hand fiel mir auf, und ich war zunächst unschlüssig, ob ich ihr folgen solle. Ich sagte mir aber: »Was kann dir am Tage und an einem häufig besuchten Orte widerfahren?« So fand ich mich um die bestimmte Stunde dort ein, fragte den Aufwärter nach dem Pavillon Nr. 4 und wurde von ihm bedeutet, daß seit beinahe einer Stunde eine Dame dort weile, die Schokolade und andere Refraichissements sowie auch Abendessen habe bestellen lassen. Ich glaubte bestimmt, daß Frau Sommer mir eine unverhoffte Freude machen wolle, und öffnete dreist die Tür, war aber nicht wenig verwundert, die Frau des Justizkommissarius zu treffen, die mir bei meinem Eintritt um den Hals fiel, in Tränen ausbrach und mir ihre Liebe gestand. Sie beteuerte mir, daß sie ohne mich nicht leben könne, und beschwor mich, ihre Liebe nicht zu verschmähen.

Ich war durch diesen Auftritt so überrascht worden, daß ich anfangs nicht antworten konnte; sie setzte sich indessen auf ein Sofa, nahm mich bei der Hand und bat mich, Platz neben ihr zu nehmen. Nachdem ich mich einigermaßen erholt hatte, gestand ich ihr zu, daß ihre Liebe von einem besonders hohen Wert für mich wäre, stellte ihr aber vor, daß eine solche Leidenschaft aufbrausend und vergänglich sei. Die Verhältnisse, in denen wir lebten, gestatteten nicht, daß wir eine eheliche Verbindung schließen könnten. Sie wäre verheiratet, hätte einen Mann von bestem Ruf, zwei kleine Kinder und ein gutes Auskommen. Ich wäre ebenfalls verheiratet, hätte ein Kind und lebte in der Gefahr, vielleicht schon morgen oder übermorgen totgeschossen zu werden, falls ich mit den übrigen ins Feld rücken müßte.

Diese Vorstellungen schienen zwar für den Augenblick etwas zu wirken, aber doch nicht ganz so, wie ich es wünschte. Sie ließ sich indessen allmählich beruhigen und bat mich, solange ich noch in Breslau sein würde, wenigstens ihr Freund zu bleiben. Inzwischen schenkte sie mir Schokolade ein, und es kam auch binnen kurzem ihre Freundin, mit der ich sie zum ersten Mal im Theater und in ihrem Hause angetroffen hatte. Mit dieser brachten wir nicht nur den Nachmittag, sondern auch noch den Abend bis 10 Uhr recht vergnügt unter Scherzen und Lachen zu. Ich mußte versprechen, sie häufiger zu besuchen. Dann geleitete ich sie nach Hause und empfahl mich.

Als ich am anderen Tage wie gewöhnlich bei meiner zweiten Freundin und Gönnerin, Frau *Sommer*, erschien, wurde ich natürlich befragt, in welcher angenehmen Gesellschaft ich den Abend zuvor gewesen wäre, da ich mich nicht hätte sehen noch hören lassen. Ich gab zu meiner Entschuldigung an, daß ich den Abend mit ein paar guten Freunden zugebracht hätte, und man stellte sich, als ob man dieser Angabe Glauben beimesse; ich merkte aber doch, daß die Frau einige Tage kühl gegen mich blieb, und vermutete daher, daß ihr mein Rendezvous nicht ganz verborgen geblieben war. Bald stellte sich jedoch ihre gewöhnliche Freundlichkeit wieder ein. Dagegen geriet ich jedesmal in eine Art von Verlegenheit, sooft ich zu der Frau des Justizkommissarius gehen mußte, und wünschte mir lebhaft, ihren Nachstellungen nicht mehr ausgesetzt zu sein.

Dies sollte mir schneller zuteil werden, als ich erwarten konnte; denn ein paar Wochen darauf erfolgte der Abschluß des Friedens, dessen Ratifikation unter dem Geleit von zwölf blasenden Postillonen eintraf. Sogleich ließ mich General *v. Rhodich* rufen und fragte mich, ob ich nicht den Tag darauf mit der Post zu meiner Frau nach Potsdam reisen und es zugleich übernehmen wolle, sein früheres Quartier daselbst zu seinem Empfang in Bereitschaft zu halten. Ich sah dies als einen Befehl an und bequemte mich zur Abreise, so schmerzlich es mir auch war, Breslau so schnell verlassen zu müssen.

Zunächst nahm ich Abschied bei der Frau Justizkommissarius. Sie war darob nicht wenig überrascht, bedauerte unendlich, daß unsere Bekanntschaft von so kurzer Dauer gewesen sei, wünschte mir mit Tränen Glück und schenkte mir zum Andenken einen Ring. Zugleich bat sie mich, ihr zuweilen unter der Adresse ihrer Freundin zu schreiben und sie nicht zu vergessen, weil auch sie mich niemals vergessen werde. Nachdem ich inzwischen meine Anstalten zur Reise getroffen hatte, begab ich mich abends um 5 Uhr, wie gewöhnlich, zu Madame *Sommer*. Auch diese wurde durch die Nachricht von meiner schnellen Abreise sehr überrascht, die Tochter aber war untröstlich. Ich konnte sie nicht anders beruhigen, als indem ich ihr Hoffnung gab, sobald ich vom Regiment entlassen sein würde, wiederzukommen und alsdann unseren Unterricht fortzusetzen. Natürlich mußte ich ihr gleichfalls versprechen, daß ich öfters an sie schreiben würde. Da die Post erst um 11 Uhr vormittags abging, so wurde ich eingeladen, vorher noch ein paar Stunden bei ihnen zuzubringen und ein Frühstück einzunehmen. Für diesen Abend empfahl ich mich, da ich noch von meinem guten *Goercke* mich verabschieden mußte und überdies die Aufträge des Generals *v. Rhodich*, meines Kommandeurs *v. Roeder* und meines Kapitäns in Empfang zu nehmen hatte.

Versprochenermaßen stellte ich mich den anderen Morgen um 8 Uhr bei meiner Freundin ein, frühstückte jedoch mit sehr beklommenem Herzen. Beim Abschiede, der für uns alle sehr traurig war, gab sie mir noch zehn Dukaten als einen Beweis ihrer Zufriedenheit mit meinem Unterricht, den sie mir doch vorher schon reichlich bezahlt hatte. Auf der Post, wohin ich meine in einem Mantelsack verpackten wenigen Kleidungs- und Wäschestücke bereits vorausgeschickt hatte, traf ich zu meiner Verwunderung noch die Sommersche Magd, die mir sagte, daß ihre Madame mir noch meinen Koffer nebst dem Schlüssel schicke, den ich auf dem Tisch habe liegenlassen; sie wünschte mir dann noch einmal eine glückliche Reise und verschwand. Ehe dieser Koffer auf dem Postwagen verladen wurde, öffnete ich ihn, um seinen Inhalt ein wenig kennenzulernen, und fand darin einen Vorrat feinster Leinewand und fertiger Wäschestücke, namentlich Kinderhemden, Schokolade, feinste Pfefferkuchen, Liköre usw. Ich freute mich herzlich, nicht nur über das Geschenk selbst, sondern auch über die Zartheit, mit welcher Madame Sommer es mir hatte zukommen lassen.

Von meiner Reise ist mir ein kleines scherzhaftes Erlebnis im Gedächtnis verblieben. Unser Postwagen war mit fünf Personen besetzt, außer mir durch eine Frau mit drei kleinen Kindern, die in der Schoßkelle plaziert wurden, die junge sehr hübsche Frau eines Feuerwerkers und zwei andere Passagiere. Da ich einer von den zuerst Eingeschriebenen war, so bekam ich auch den besten Platz zwischen der Feuerwerkersfrau auf der einen und einem der übrigen Passagiere auf der anderen Seite. Auf unserer ersten Station in dem Städtchen *Neumarkt* stieg noch ein sechster Passagier, und zwar ein Jude, ein, der neben der Frau mit den drei Kindern Platz nehmen mußte. Als wir kaum eine Viertelstunde gefahren waren und die Kinder rege wurden, faßte der Jude, der nichts von ihnen wußte, nach der Seite, woher das Geschrei kam, und rief: »O weh, wieviel Hände und Füße gibt es hier nicht, ich mag hinfassen, wohin ich will, überall kribbelt und krabbelt es.« Wir lachten hierüber recht herzlich. Allmählich wurden alle müde, zumal die Frau des Feuerwerkers; sie legte ihren Kopf auf meine Schulter, und um ihr mehr Bequemlichkeit zu verschaffen, nahm ich sie in meine Arme, in denen sie sehr sanft und ohne Scheu einschlief.

In *Potsdam*, wo ich gegen 11 Uhr mittags anlangte, erregte ich im Posthause große Freude, da ich die erste Friedensnachricht überbrachte. Leider traf ich in unserer Wohnung, wohin ich meinen Mantelsack und Koffer schaffen ließ, meine Frau nicht an, da sie mit unserem kleinen Sohne zu ihrer Schwester nach der Gewehrfabrik gegangen war. Ich suchte sie sogleich dort auf und fand sie wohl und munter. Natürlich wurde meine unverhoffte Ankunft von allen mit der größten Freude begrüßt. Wir aßen fröhlich zusammen; dann ging ich mit Frau und Kind nach Hause.

Als meine Frau neben meinem ihr wohlbekannten Mantelsack den bewußten Koffer erblickte, fragte sie sogleich, wem dieser gehöre. Meine Antwort, daß er mir von einer jungen Frau mitgegeben worden sei, um ihr das Eingeweide als Geschenk zu überreichen, wurde zwar von ihr belacht, schien aber doch nicht ganz nach ihrem Geschmack zu sein. Wie groß aber war ihre Verwunderung, als sie bei der Eröffnung des Koffers darin drei Stücke der feinsten schlesischen Leinewand, zwölf Stück fertige Hemden nebst drei oder vier Anzügen für unseren kleinen Sohn und endlich den Vorrat an Delikatessen fand. Ihre Freude über das schöne Geschenk wurde jedoch erst dann eine aufrichtige, als sie von mir vernahm, daß Madame *Sommer* es mir aus Dankbarkeit für den ihrer Tochter erteilten Unterricht verehrt habe. Nunmehr erst verschwanden die dunklen Wolken völlig von ihrer Stirn.

Nachdem ich am anderen Tage den mir von Herrn General *v. Rhodich* erteilten Auftrag erledigt hatte, besuchte ich nach und nach auch meine alten Schüler vom Zivilstande und wurde von ihnen mit vieler Freude aufgenommen. Drei Wochen später rückten dann die Garden nebst den Pagen ein, so daß meine Unterrichtsstunden wiederum vollzählig wurden.

Es schien allerdings einen Augenblick, als ob ich mein altes Leben nicht ungestört würde fortsetzen können. Generalleutnant *v. Rhodich* war bald nach dem Einmarsch zum Chef des vierten Gardebataillons und zum Kommandanten der Stadt ernannt worden, und es bekam sein Nachfolger nicht nur das Kommando über das Garderegiment, sondern auch über seine Kompagnie, da die Kommandeure zu damaliger Zeit auch ihre eigene Kompagnie hatten. Mir wurde bei diesem Wechsel nicht ganz wohl zumute; denn ich konnte nicht wissen, ob unser neuer Kommandeur sich an das Versprechen seines Vorgängers hinsichtlich meiner Entlassung vom Regiment werde gebunden fühlen. Auch war der neue Stabskapitän *v. Frankenberg* mir nicht eben wohl gesonnen und ergriff bald die Gelegenheit, mir dies zu zeigen. Ehe ich es vermuten konnte, erteilte er dem Kompagniefeldwebel den Befehl, mich auf die Frühparade zu kommandieren. Dieser stellte ihm vor, daß ich seit vier Jahren meine ganze Armatur abgegeben und seither kein Gewehr in den Händen gehabt habe, weil ich auf der Invalidenliste stehe; auch sei die Montierung, die ich trüge, mein Eigentum. Der Kapitän erwiderte, daß ich alles Nötige auf der Montierungskammer erhalten könne und auf der Frühparade zu erscheinen habe. Der Feldwebel, der mir dies berichtete und der mit mir in einem Hause wohnte, war seinerseits der Meinung, daß ich mich einem so bestimmten Befehle nicht entziehen könne; ich beschloß jedoch, noch ein Mittel zu versuchen. Ich hatte vor dem Kriege den Adjutanten des Königs, Major *v. Kessel*, drei Jahre lang unterrichtet und mir seine besondere Gewogenheit erworben. Zu ihm, der, wie ich wußte, ein Duzfreund meines neuen Kommandeurs war, ging ich nunmehr, um ihm meine Not zu klagen und seine Hilfe zu erbitten. Er ergriff sogleich Hut, Stock und Degen und ersuchte mich, in seiner Stube zu warten, bis er von seinem Besuche bei dem Oberst Herrn *v. Roeder* zurückgekehrt sein werde. Ich verbrachte hier bange drei Viertelstunden, sah aber sofort an seiner heiteren Miene, daß er Erfolg gehabt hatte. Wie er mir erzählte, hatte der Oberst den Feldwebel der Kompagnie kommen lassen und durch diesen dem Herrn Hauptmann bestellen lassen, daß ich von allen Paraden dispensiert sei.

Ein paar Wochen nach diesem Vorfall ließ Herr Generalleutnant *v. Rhodich* mich rufen. Er teilte mir mit, daß er Vormund der beiden Kinder des verstorbenen Oberst v. Quintus-Icilius sei und daß er wünsche, diese von mir unterrichten zu lassen, da ihr Hofmeister eine zu mangelhafte Aussprache habe. Er bestimmte selbst die Stunden von 11 bis 12 Uhr vormittags für den Unterricht und gab mir zugleich auf, ihm jeden Sonnabend über das Benehmen und die Fortschritte der Kinder zu rapportieren. Die Frau Oberst, eine geborene *v. Schlabrendorff*, die leider immer kränkelte, nahm mich mit außerordentlicher Güte auf und stellte mir ihre Kinder, ein Fräulein von elf und einen Sohn von neun Jahren, vor. Der Unterricht, der demnächst begann, war nicht ohne Schwierigkeiten; denn das Fräulein, obwohl fleißig, war außerordentlich lebhaft, ja zuweilen etwas überspannt. Es kam vor, daß sie mitten im Unterricht von ihrem Sitze aufstand und zwei- bis dreimal um den Tisch herumging, bis sie sich wieder setzte. Die Mutter, welche geläufig Französisch sprach und in deren Gegenwart der Unterricht gegeben wurde, übersah entweder dies Verhalten ihres Lieblings oder gab ihrer Tochter lediglich einen sanften Verweis, an den diese sich aber nicht viel kehrte. Bei den Rapporten, die ich dem General *v. Rhodich* abstatten mußte, wagte ich nicht, über dies Betragen des Fräuleins und die Schwäche der Mutter mich zu beschweren, da ich befürchten mußte, durch ein unvorsichtiges Wort das Wohlwollen meines Gönners zu verscherzen, anderseits aber auf keiner Unwahrheit mich ertappen lassen wollte. So suchte ich mich denn nach Möglichkeit zu winden und zu drehen und endigte meine Rapporte gewöhnlich mit der Versicherung, daß beide Kinder, und vorzüglich die Tochter, gute Fortschritte machten. Ich bekam übrigens für die eine Stunde monatlich einen Friedrichsdor sowie an allen hohen Festtagen zwölf Flaschen Wein verschiedener Sorten, fünf Pfund Kaffee und einen Hut Zucker; auch wurden mir zuweilen einige kleine Präsente für meinen Sohn gegeben.

So vergingen wieder einige Monate, bis mir, ganz unvermuteterweise, endlich die Befreiung aus meinem drükkenden militärischen Verhältnis zuteil wurde. Es war an einem für mich sehr finsteren Tage, als mich ein Unteroffizier meiner eben von der Parade kommenden Kompagnie vor meiner Haustür erwartete und mir mitteilte, daß der König an diesem Tage die bei den Gardebataillonen fehlenden Mannschaften ergänzt habe und daß der Feldwebel mich ersuchen ließ, baldigst zu ihm zu kommen und meinen Torpaß abzugeben. Obgleich ich sehr mißlaunig war, freute ich mich über diese unverhoffte Nachricht doch über die Maßen, gab dem Unteroffizier für seine Bemühung einen Taler und verfügte mich unverzüglich zu dem Feldwebel, der mich freudig umarmte, aber mir auch erzählte, daß der Stabskapitän sich sehr gewundert habe, wie ohne sein Wissen und gleichsam hinter seinem Rücken ein Rekrut an meine Stelle habe gegeben werden können, da er doch als Kommandeur der Kompagnie auch ein Wort in dieser Angelegenheit zu sprechen habe. Er, der Feldwebel, habe ihm geantwortet, daß der König mich persönlich kenne, da ich Lehrer der Pagen wäre, und daß er mich vermutlich deshalb entlassen habe.

Ich ging in meine Stube, wo ich meine Frau voller Freude fand. Sie erzählte mir, daß der Kapitän gleich nach der Parade sie besucht und ihr zu meiner Entlassung gratuliert habe. Auch meine Schüler, die ich nach dem Essen, wie gewöhnlich, besuchte, nahmen an dieser Wendung meines Schicksals herzlichen Anteil. Mein besonderer Gönner, Major *v. Kessel*, dessen erfolgreiches Eintreten für mich ich früher erwähnt habe, schickte mir zwölf Stück Zitronen, einen Hut Zucker und zwei

Flaschen Arrak mit der Ankündigung, daß er auf den Abend zu uns kommen und einen warmen Punsch mit uns trinken wolle. Meine Frau ergriff die Gelegenheit, noch einige gute Freunde dazuzuladen, unter denen auch mein lieber *Goercke* sich befand, und wir verbrachten mitsammen fröhlich und vergnügt den Abend und einen Teil der Nacht. Herr *v. Kessel* hatte übrigens so viel Anhänglichkeit für mich, daß er mich einige Jahre nach dem Tode Friedrichs des Großen gelegentlich einer Reise nach Schlesien auch hier zu Beeskow besuchte.

Ich setzte nunmehr zunächst meine Unterrichtsstunden fort, hatte aber noch keine Gelegenheit gehabt oder gesucht, meinen Kapitän wiederzusehen. Mein gewesener Feldwebel, der uns eines Abends besuchte, erzählte mir, daß jener darob auf mich böse sei und eine Meldung meinerseits erwartet habe; er riet mir, ihn noch nachträglich zu besuchen, wenn auch mein Herz mich nicht dazu drängen könne. Da ich wußte, daß der Kapitän erst spät von Tisch nach Hause zu kommen pflegte, so ging ich zwei Tage hintereinander nach seinem Quartier, meldete mich bei dem Bedienten und hinterließ schließlich, daß ich den andern Morgen etwas früh dem Herrn Hauptmann meine Aufwartung machen würde. Als ich gegen 8 Uhr zu ihm kam, traf ich ihn noch beim Anzuge. Er kam mir entgegen, umarmte mich ganz freundschaftlich und versicherte mich in betreff meiner Zivilversorgung seiner Protektion beim Kabinett, da der Kabinettsrat *Müller* sein intimster Freund sei. Ob ihm diese Versicherung von Herzen kam, war mir sehr zweifelhaft; es blieb mir indessen nichts übrig, als ihm zu danken und seiner Gnade mich zu empfehlen. Dann ging ich, wie gewöhnlich, meinen Geschäften nach.

Einige Wochen darauf fragte mich in der Tat der Feldwebel, ob ich nicht einen Zivilposten zu haben wünsche. Dies bejahte ich, jedoch mit dem Vermerk, daß ich allerdings bei der Akzise nicht angestellt sein möchte; er notierte mich für die Versorgungsliste, und ich erhielt demnächst meinen Invalidenschein, den ich noch besitze.

Bald nachher ereignete es sich, daß der königliche Weinvisierer *Eckenbrecht* zu Berlin starb. Es wurde dadurch ein Posten frei, der im Jahre wenigstens 1000 Taler bar einbrachte, ganz abgesehen von den vielen Präsenten der Weinhändler und Schiffer. Ich erzählte dies der Frau Oberst *v. Quintus-Icilius* und dem Generalleutnant *v. Rhodich*; beide rieten mir, mich zu melden, da so einträgliche Posten nicht oft vorkämen. Die Frau Oberst versah mich zu diesem Zweck mit Empfehlungsschreiben; auch von dem Marquis *v. Linosin*, der bei Friedrich dem Großen in hoher Gnade stand, sowie von dem Vorleser des Königs Mr. *le Cat* erhielt ich solche an den Minister *Goeren* und den Geheimen Finanzrat *de la Haye de Launay*, der damals Generalregisseur und Präsident der Regie war.

Mit diesen ansehnlichen Empfehlungen ausgerüstet, setzte ich mich auf die Post und ging gleich nach meiner Ankunft in Berlin zu dem Minister *Goeren*, der mir seinerseits ein Schreiben an Herrn *de Launay* gab und mich anwies, ihm den erhaltenen Bescheid zu melden. Als ich sodann Herrn *de Launay* im Regielokale aufgesucht und dieser den Brief des Ministers *Goeren* sowie die oben erwähnten Empfehlungsschreiben gelesen hatte, hieß er mich Platz nehmen und fragte mich zunächst über meine Verhältnisse aus. Darauf ließ er den zweiten Regisseur, Herrn Geheimen Finanzrat *Peters*, rufen und erkundigte sich bei diesem, ob der Posten bereits vergeben wäre; er erhielt zur Antwort, daß jener wenigstens versprochen sei. Nachdem auch Herr *Peters* Einsicht in meine Empfehlungsschreiben genommen hatte, wurde er ganz freundlich gegen mich. Er wollte jedoch eine Erklärung darüber haben, ob ich mich getraue, einem mit so vielen Verdrießlichkeiten und Beschwerden verbundenen Posten vorzustehen, und ob ich auch die dafür unumgänglich nötige Weinkenntnis besitze.

Hierzu nahm Herr *de Launay* das Wort, indem er erwiderte, daß sich das nach und nach durch Übung lerne und daß die Kontrolleure mich darin schon unterrichten würden. Als er mich im Scherz fragte: »Können Sie überhaupt Wein trinken?« und ich dies freimütig bejahte, lächelte er darüber und sagte zu Herrn Peters: »Wenn der Herr Wein trinken kann, so braucht er nur oft genug zu kosten und wird dadurch nicht nur den Dienst lernen, sondern auch Geschmack daran finden.« Er ließ sodann eine Flasche Wein zum Frühstück auftischen (obgleich es 2 Uhr nachmittag war) und fragte mich, was für eine Sorte es sei. Ich antwortete sogleich: *»Lunel!«*, worauf er bemerkte: »Ich glaube, daß der Herr die Sorte Wein besser kennt als alle unsere Weinvisierer und Kontrolleure.« Herr *Peters* wandte sich nunmehr sehr verbindlich zu mir und ersuchte mich, am Sonnabend wiederzukommen, weil dann Sessionstag sei; er werde den übrigen Räten mein Gesuch vortragen, ihnen meine Empfehlungsschreiben vorlegen und sei bereit, diese auch seinerseits zu unterstützen. Ich nahm von beiden Herren Abschied und empfahl mich deren Wohlwollen.

Zunächst ging ich nach der Post, um mich für den Leipziger Wagen, der am Abend nach Potsdam abfuhr, einschreiben zu lassen. Von da begab ich mich noch einmal zu Herrn Minister *Goeren*, der sich meiner guten Nachrichten freute, mir eine Antwort an Frau Oberst v. Quintus-Icilius einhändigte und mir schließlich zwei Friedrichsdor überreichte mit der Äußerung: »Kamerad, nehmen Sie diese Kleinigkeit. Reisen kosten Geld, und Soldaten sind durstig. Ich bin selbst Leutnant gewesen und habe nie Geld gehabt. Sie müssen für Ihre Reise entschädigt werden.« Da ich über den Mühlendamm kam und einige Sachen sah, die mir gefielen, so machte ich verschiedene Einkäufe für meine Frau und unseren Jungen, so daß mir schließlich von den geschenkten zwei Friedrichsdor und dem auf die Reise mitgenommenen Gelde, nachdem ich noch meine Rechnung im Gasthof berichtigt hatte, nur zehn Groschen sechs Pfennige übrigblieben. Da ich aber dem Schirrmeister und Postillon noch die Stationsgelder zu bezahlen hatte, so blieben für mich selbst nicht mehr als zwei Groschen sechs Pfennige zur Verfügung. Ich mußte daher darauf verzichten, mich in Zehlendorf, wo die Post gewöhnlich eine Stunde verweilte, wie die anderen Passagiere, durch einen Labetrunk zu erquicken, sondern blieb unter Vorschützung heftiger Kopfschmerzen, in eine Ecke gelehnt, im Wagen sitzen. Als wir gegen Mitternacht in Potsdam anlangten, war ich entsprechend hungrig und durstig, meine Frau hatte jedoch nicht auf mich gewartet, sondern schlief schon. Es war ihr zunächst ziemlich unangenehm, daß ich sie im Schlaf gestört hatte; sie wurde aber um so freundlicher, nachdem sie die Sachen, welche ich für sie und den Jungen mitbrachte, gesehen hatte, und tischte mir in der Geschwindigkeit eine Suppe und einen Eierkuchen auf; ich ließ es mir gut schmecken und erzählte ihr, wie es mir mit meiner Barschaft von zwei Groschen sechs Pfennigen gegangen war, worüber sie herzlich lachen mußte.

Über den Erfolg meiner Reise berichtete ich schon am anderen Tage an meine Gönner und übergab ihnen die für sie bestimmten Briefe.

Die für den nächsten Sonnabend erforderliche abermalige Reise nach Berlin beschloß ich zu Pferde zurückzulegen. Ich mietete zu diesem Behuf einen Klepper, der jedoch, wie es sich herausstellte, schwer ging, gar nicht trabte und wenig galoppieren konnte. Spätestens um 11 Uhr vormittags sollte ich in Berlin sein und hatte bis dahin vier Meilen zurückzulegen; ich konnte aber nicht vor 7 Uhr aufbrechen, da es zu dieser Zeit erst kaum tagte. Ich setzte meinem Klepper fleißig die Sporen ein, stürzte aber beim Galoppieren einige Male ab, glücklicherweise auf den Sand, da es damals in Preußen noch keine Chausseen gab. Nach vielen Anstrengungen kam ich bald nach 10 Uhr in Berlin an, stellte den Gaul in meinem gewöhnlichen Gasthof zum »Goldenen Stern« in der Leipziger Straße ein und begab mich sofort, obgleich mein Gesäß vom Reiten wund war, nach der Regie, wo ich mich bei Herrn *Peters* melden ließ. Ich wurde sehr freundlich aufgenommen, den anwesenden Räten vorgestellt und von dem Kollegium dahin beschieden, daß ich mich am folgenden Dienstag noch einmal nach Berlin bemühen solle, wo dann meine Angelegenheit in der von mir gewünschten Weise erledigt werden würde. Ich empfahl mich und ging zu einem mir befreundeten pensionierten Chirurgus, der mich verband, aß, von Schmerzen geplagt, mit ihm zu Mittag und holte sodann mein Pferd aus dem Gasthof, um heimzureiten. Obgleich ich den Gaul im langsamsten Schritt gehen ließ, konnte ich es doch vor Schmerzen kaum aushalten, verbiß aber die Lippen und war froh, als ich endlich vor das Potsdamer Tor gelangte. Nachdem ich eine Viertelstunde geritten und *Schöneberg* erreicht hatte, war mein Gaul so gütig zu stolpern; ich kam langsam den Hals herunter, wagte aber nicht mehr, mich aufzusetzen, sondern nahm den Zaum in die Hand und führte das Tier zu Fuß bis Potsdam. Die Folge meines Rittes war ein Wundfieber, das mich einige Tage bettlägerig machte, so daß ich an Herrn *Peters* schreiben und ihm melden mußte, daß ich wegen einer Unpäßlichkeit am Dienstag nicht erscheinen, sondern erst den Sonnabend darauf mich einfinden würde. Fatal war es mir, daß alle diejenigen, denen ich mein Unglück erzählte, mich nicht bedauerten, sondern auslachten.

In dieser Zwischenzeit besuchte mich der Potsdamer Stadtinspektor *Dumontier*. Er schilderte mir das Amt eines Weinvisierers als sehr schwierig und verantwortungsvoll. Die Besoldung sei auch nicht so glänzend, wie es scheine, da Holz und Lebensmittel in Berlin ungemein teuer seien. Dagegen führe ich in Potsdam ein freies Leben, habe mein reichliches Auskommen und könne ruhig warten, bis eine bequemere Stelle offen würde. Kurzum, er wußte mir die Annahme der Stelle auszureden.

Dennoch reiste ich am folgenden Sonnabend in einem bequemen Wagen nach Berlin, ging zu Herrn *de Launay* und erklärte ihm unter Angabe meiner Gründe, daß ich auf den mir zugedachten Posten verzichten müsse. Er bedauerte es und fragte, ob ich einstweilen als Privatsekretär mit 300 Talern Gehalt und freier Station bei ihm bleiben wolle; er könne mir zusagen, daß er bei der ersten Gelegenheit anständig für mich sorgen werde. Ich mußte dies Anerbieten zwar gleichfalls ausschlagen, da ich ja verheiratet war und meinen eigenen Haushalt hatte, bat ihn indessen, meiner bei einer entstehenden Vakanz zu gedenken, was er auch versprach. So kehrte ich denn vorläufig nach Potsdam zurück und setzte meinen Unterricht fort. Meine Schüler waren darüber sehr froh.

III

In Beeskow

So lief mein Leben in alter Weise fort, bis gegen Ende des Jahres 1781 Generalleutnant *v. Rhodich* mich zu sich rufen ließ. Er eröffnete mir, der Geheime Rat *Gutschmidt* zu Frankfurt a. O. habe ihm gemeldet, daß die Doppelstelle eines Senators und Kanzlisten in *Beeskow* erledigt sei. Er sei von jenem gebeten worden, ihm ein tüchtiges Subjekt von guter Erziehung und moralischer Gesinnung nachzuweisen, und er frage mich, ob ich diesen Posten anzunehmen willens sei. Ich erwiderte, daß ich ihn mit dem größten Dank annehmen würde, sobald ich mein Auskommen dabei fände. Er versprach mir, daß dafür gesorgt werden würde, und hieß mich, meine Vorbereitungen zur Abreise zu treffen. Mit einem Empfehlungsschreiben von ihm an Herrn Geheimrat *Gutschmidt* versehen, trat ich an einem Sonnabend meine Reise mit der Post an. In *Frankfurt*, wo ich sonntags in der Nacht anlangte, ruhte ich mich nur einige Stunden im Gasthof aus, um mich schon morgens gegen 10 Uhr bei Herrn Gutschmidt zu melden. Nachdem dieser mein Empfehlungsschreiben gelesen hatte, nahm er mich sehr freundschaftlich auf, präsentierte mich seinen Damen und wollte mich bei sich zu Mittag behalten. Ich konnte dies leider nicht annehmen, weil ich frühzeitig in *Beeskow* eintreffen wollte und in dieser Absicht schon vorher Extrapost bestellt hatte. Kaum daß ich meine Abfertigung an den Magistrat erhalten hatte, so setzte ich mich auf den Wagen und kam gegen 4 Uhr nachmittags in Beeskow an, wo ich im Gasthof zum »*Weißen Schwan*« einkehrte.

Nach kurzer Rast ließ ich mich bei dem dirigierenden Bürgermeister (später Justizrat) *Hannemann* melden, der mich sehr artig aufnahm und mich auf den anderen Tag, um 9 Uhr vormittags, nach dem Rathause bestellte. Ich traf dort die zur Zeit im Amte befindlichen vier Magistratspersonen bereits versammelt. Herr *Hannemann* hieß mich Platz nehmen, legte mir Papier, Tinte und Feder vor und diktierte mir ein Protokoll, das ich mit dem damaligen Stadtsekretär *Pudor* schreiben und unterschreiben mußte. Dann führte er mich in den verschiedenen Registraturstuben umher, zeigte mir eine Menge Akten und Ausarbeitungen, die ich nicht anders ansehen konnte als wie die Kuh das neue Scheunentor, und legte mir schließlich die Nachweisung meines künftigen Einkommens vor. Das letztere erschien mir viel zu gering, um davon leben zu können, denn man hatte mir verheimlicht, daß Sporteln usw. damit verbunden wären. Ich beurlaubte mich, aß in meinem Gasthofe ein wenig zu Mittag und reiste dann über Fürstenwalde, wo ich die Post erreichte, und Berlin ohne Aufenthalt nach Hause zurück. Leider hatte ich mir auf der Fahrt eine Kolik zugezogen.

Am anderen Tage begab ich mich zu meinem Gönner, der mich lächelnd empfing und fragte, wie es mir ergangen und ob ich zufrieden sei. Als ich letzteres verneinend beantwortete, sagte er mir: »Auch die dortigen Herren wollen Sie nicht haben, weil Sie katholisch und der deutschen Sprache nicht genügend mächtig sind; sie sollen aber ihren Willen nicht durchsetzen. Wenn Sie meinem Rat folgen wollen, so werde ich um diesen Posten für Sie beim Könige anhalten, und wenn Sie dabei nicht subsistieren können, so werde ich anderweitig für Sie sorgen. Darauf gebe ich Ihnen mein Ehrenwort.« Ich mußte mich, so ungern ich es tat, dareinfinden. General *v. Rhodich* schrieb an den König, und dieser verlieh mir sogleich durch eine Kabinettsordre die betreffende Stelle.

Es dauerte wohl an sechs Wochen, bevor das Generaldirektorium und die Kammer die nötigen Verfügungen und meine Bestallung an den Beeskower Magistrat gelangen ließen. Früher jedoch, als ich gedacht hatte, erhielt ich von diesem ein weitläufiges Schreiben, in dem mir die Verleihung der Stelle an mich gemeldet wurde; ich wurde zugleich ersucht, baldmöglichst zu kommen, weil mein Gehalt schon vom 1. Dezember anginge und die mit meinem Posten verbundenen Arbeiten sich gehäuft hätten und noch täglich sich vermehrten. Ich machte also auf Geheiß des Generals *v. Rhodich* die nötigen Anstalten zur Abreise, packte meine Möbel, suchte einen Schiffer, der sie mitzunehmen bereit war, und nahm schließlich Abschied von meinen Schülern, die herzlich bedauerten, daß ich sie verlassen mußte. Zur Beförderung von uns selbst mietete ich einen verdeckten Wagen mit zwei Pferden, für den ich von Potsdam bis Beeskow drei Friedrichsdor einschließlich der Zehrung zu bezahlen hatte.

Am 3. Dezember 1781 fuhren wir, d. h. meine Frau und ich, unser damals sieben Monate alter Sohn, eine Dienstmagd und ein junger Hund, in diesem Wagen unserer neuen Bestimmung entgegen.

In *Berlin*, wo wir in einem Gasthof ausgespannt hatten, ging ich nach dem Packhof, um zu sehen, ob meine Möbel bereits abgegangen seien; ich erfuhr, daß dies erst am anderen Tage geschehen solle. Es war beinahe 3 Uhr nachmittags, als ich nach dem Gasthof zurückkam, wo ich zunächst ein wenig aß. Trotzdem entschloß ich mich zu dem Versuch, an diesem Tage wenigstens noch bis nach *Köpenick* zu gelangen, wo ein Freund von mir, der mit mir unter der Garde gedient hatte, als Aufseher bei der Akzise angestellt war.

Ehe wir die Hälfte des Weges zurückgelegt hatten, wurde es so finster, daß man die Hand vor den Augen nicht sehen konnte. Der Kutscher kannte den Weg nicht, und auch ich war ihn nur ein einziges Mal, gleichfalls bei Nacht, mit der Post gefahren; es war mir nur erinnerlich, daß man entlang der Spree sich zu halten habe. Statt auf diesen Weg gelangten wir in den dichten Wald, zum Glück jedoch in ein fahrbares Gestell. Ich zog es vor, vom Wagen abzusteigen und vorauszugehen. Nachdem wir über eine Stunde uns vorwärts bewegt hatten, ohne aus diesem Gestell herauskommen zu können, stießen wir endlich auf einen großen Graben. Ich ließ halten, sprang darüber und sah nunmehr nicht nur die Hauptstraße, sondern in einiger Entfernung auch eine Menge erleuchteter Häuser vor mir.

Wie aber mit Pferden und Wagen über den Graben kommen? Nach einigem Nachdenken ließ ich mir meinen Hirschfänger geben und hieß den Kutscher gleichfalls abzusteigen. Wir fingen nun an mit Händen und Füßen zu graben, hieben mittelst des Hirschfängers einiges Strauchwerk ab und erreichten es schließlich nach vielen Anstrengungen, den Graben so weit zu füllen, daß wir glücklich darüber gelangten; allerdings mußten ich, der Kutscher und die Dienstmagd bei der Überfahrt den Wagen von beiden Seiten stützen. Wir verfolgten nunmehr die wirkliche Straße in der Richtung nach den erleuchteten Häusern zu. Als wir ans Tor gelangten, erkannte ich, daß wir trotz unserer Irrfahrt *Köpenick* erreicht hatten. Der Torschreiber, den ich nach der Wohnung meines Freundes *Wiegand* befragt hatte, ließ uns durch seinen Sohn mit einer Laterne dahin geleiten. Kaum hatten die guten Leute meinen Namen gehört, als sie auch schon heraussprangen und uns nötigten, die Nacht in ihrer Wohnung zuzubringen. Wir ließen unsere Sachen vom Wagen nehmen, schickten Kutscher und Pferde in einen Gasthof und brachten den Abend mit angenehmem Geplauder zu.

Nach einem ruhigen und langen Schlaf erstaunten und erschraken wir am anderen Morgen nicht wenig, die Spree fast ganz zugefroren und die Straßen voller Schnee zu sehen. Es ging mir sehr nahe, daß es hiernach unmöglich sein würde, rechtzeitig zu meinen Möbeln zu gelangen; ich teilte jedoch meine Betrachtungen darüber meiner Frau nicht mit, da mir bekannt war, mit welchem Widerwillen und welcher Sorge sie ohnehin diesen Umzug angetreten hatte. Mein Freund tröstete mich mit der Versicherung, daß dieser plötzliche Frost schwerlich von langer Dauer sein werde; auch sei der Strom noch offen und es sei sehr wahrscheinlich, daß die Schiffer sich mit ihrer Ladung durchschlagen würden.

Nach dem Frühstück nahmen wir mit herzlichem Dank für die uns erwiesene Gastfreundschaft Abschied von unseren Wirten, setzten uns wieder in den Wagen und fuhren bis nach *Fürstenwalde*, wo wir um 5 Uhr abends anlangten. Dort wurde uns in den »Drei Kronen« eine kalte Stube angewiesen, die erst geheizt werden mußte; wir bekamen ein schlechtes Abendessen und schlechte Betten, mußten dafür aber dennoch sehr hohe Preise bezahlen. Ich bemerke hierbei, daß ich für unseren kleinen Sohn jeden Tag eine Flasche mit kochender Milch mitnahm, womit er sich auch genügen ließ.

Als wir am anderen Morgen auf der Fahrt von Fürstenwalde nach Beeskow in Pfaffendorf ankamen, sah ich den Beeskower Turm und zeigte ihn meiner Frau; sie schauderte davor und klagte zugleich über starken Frost. Es war etwa um 2 Uhr nachmittags, als wir unseren Bestimmungsort erreichten. Ich ließ mir im *»Weißen Schwan«* eine Stube nebst Kammer anweisen, die glücklicherweise geheizt waren. Nachdem unsere Sachen abgeladen waren, zog sich meine Frau mit dem Kinde sofort in unsere Stube zurück, wo der Wirt, Herr *Döring*, ein würdiger alter Mann, uns willkommen hieß. Meine Frau, die vor Frost und Angst zitterte, wurde in das warme Bett gebracht, und ich ließ für sie Tee sowie eine heiße Weinsuppe zubereiten. Inzwischen hatte ich mich erkundigt, ob die Herren vom Magistrat, vorzüglich der dirigierende Herr Bürgermeister, zu Hause seien; ich erfuhr aber zu meinem Leidwesen, daß sie sämtlich zur Kindtaufe bei dem Rektor *Selchow*, meinem nachherigen Schwager, wären und wohl erst spät heimkehren würden. Ich blieb also ruhig zu Hause und machte Kalender.

Gegen 6 Uhr kam jedoch der damalige Stadt- und Gerichtssekretär *Pudor* zu uns, da er vernommen hatte, daß wir angekommen wären. Er bedauerte, meine Frau krank zu finden, bat mich, bei ihm ein frugales Abendessen einzunehmen, und drang, trotz meiner anfänglichen Ablehnung, so sehr darauf, daß ich auf Zureden meiner Frau mich entschloß, seiner freundlichen Einladung zu folgen. Wir trafen seine Frau, die sich von dem Schmause mit der Entschuldigung entfernt hatte, daß sie einen Gast (nämlich mich) bekommen hätte, mit der Zubereitung des Abendessens beschäftigt. Sie nahm mich sehr freundschaftlich auf und sprach ihre Freude darüber aus, daß sie nunmehr Gelegenheit haben würde, sich etwas in der französischen Sprache zu üben. Als ich gegen 10 Uhr wieder in unserem Gasthofe eintraf, fand ich meine Frau in der größten Fieberhitze; für den Jungen hatten die Wirtin und ihre jüngste Tochter gesorgt. Nach einigen Stunden des Schlafes ging es meiner Frau etwas besser, wenn sie auch ganz abgemattet war. Ich ließ am anderen Vormittag einen Arzt, den damaligen Physikus Dr. *Lasson*, rufen, der ihr einige Arzneien verschrieb; das Fieber war aber so hartnäckig, daß sie damit über ein halbes Jahr sich quälen mußte.

Ich meldete mich an demselben Morgen bei dem Herrn Dirigenten, der mich nach dem Rathause beschied, mir dort die Instruktion über die mit meinem Posten verbundenen Arbeiten einhändigte und mir sagte, daß er mir zunächst einige Akten zum Lesen schicken werde, damit ich die verschiedenen Handschriften kennenlerne. Er benachrichtigte mich auch, daß der Steuer- und Geheime Rat *Gutschmidt* am 18. Dezember eintreffen werde, um den Kämmerer *Schmidt* und mich in das Magistratskollegium einzuführen. Ich wurde von ihm sodann mit allen nur möglichen Freundschaftsversicherungen entlassen. Zu Hause traf ich die Ehefrau des Stadtsekretärs *Pudor* damit beschäftigt, die meinige zu trösten; sie versprach ihr, sie oft zu besuchen. Mich forderte sie auf, eine Tasse Kaffee bei ihnen zu trinken, weil ihr Mann verschiedenes mit mir zu besprechen und zu verabreden hätte. Ich entsprach diesem Wunsche und erhielt von Herrn *Pudor* manche nützliche und wertvolle Auskunft über die Eigenschaften und die Sinnesart der einzelnen Magistratsmitglieder. Auch er versicherte mich seiner Freundschaft, und er hat mir diese bis zu seiner Versetzung nach Potsdam im April 1795 jederzeit und auf jede Art bewiesen. Über allzu große Höflichkeit der übrigen Herren hatte ich mich dagegen nicht zu beschweren; ich wurde von keinem besucht und von keinem eingeladen.

Es herrschte damals eine schreckliche Kälte, und alle Gewässer waren zugefroren. Ich hatte im Gasthofe nur eine Stube und Kammer zur Verfügung, in denen ich mit meiner kranken Frau, dem Kinde und der Magd kaum Platz fand und jeder Bequemlichkeit entbehren mußte; ich ließ mir aber alles gefallen und bedauerte nur mein armes Weib. Um zu einer eigenen Wohnung zu gelangen, wies mich mein Freund *Pudor* an eine Doktorswitwe namens *Behr*, die in der Stadt ein Haus besaß, sich aber meist in *Ragow* bei dem Gutsbesitzer Hauptmann *v. Schwerin* aufhielt, dessen Gemahlin sie Gesellschaft leistete. Ich entschloß mich, sie dort aufzusuchen, und wurde von den guten Leuten aufs freundschaftlichste aufgenommen. Zufällig traf ich dort auch einen verabschiedeten Leutnant *v. Grabow*, den ich von Potsdam her kannte; er freute sich ungemein, mich wiederzusehen, und bat die v. Schwerinschen Eheleute, sich meiner soviel wie möglich anzunehmen. Frau Doktor *Behr* war sogleich erbötig, mir die zwei Stuben, welche früher Herr Bürgermeister *Hannemann* innegehabt hatte, zu überlassen; Frau v. Schwerin aber gab mir für meine Frau noch einen Hasen mit.

Die letztere freute sich zwar sehr über die Aussicht, ein anständiges Quartier zu bekommen, allein was konnte uns das Quartier helfen, da wir von allen Möbeln entblößt waren. Es waren bereits zehn oder zwölf Tage nach unserer Ankunft verflossen, als der Schiffer, der meine Möbel in Berlin verladen hatte, zu mir kam und mir meldete, daß sein Kahn zwei Meilen oberhalb Fürstenwalde eingefroren sei; er habe trotz aller Mühe und Anstrengung nicht weitergelangen können und frage nunmehr, wie und auf welche Art ich meine Sachen hierhertransportieren lassen und ob ich Anfuhrleute von hieraus annehmen wolle. Ich gab ihm den Auftrag, seinerseits in der dortigen Gegend Fuhrwerk aufzutreiben, aber dafür zu sorgen, daß die Möbel beim Transport nicht beschädigt würden. Nach fünf Tagen langten diese denn auch glücklich auf drei Wagen an, für deren jeden ich sechs Taler zu zahlen hatte, und wir konnten unser neues Quartier beziehen.

Wir hatten bis dahin im »Weißen Schwan« geweilt, und wenn wir uns auch, unseren damaligen Verhältnissen entsprechend, möglichst bescheiden eingerichtet hatten, so bangte mir doch ein wenig vor den entstandenen Kosten. Als ich jedoch beim Abschiede von Herrn *Döring* und seiner Familie um die Rechnung bat, antwortete mir dieser brummend: »Was wollen Sie mir geben? Es ist nicht Ihre Schuld, daß Sie so lange in meinem Hause haben bleiben müssen; die Geschichte kostet Ihnen ohnehin Geld genug. Um aber in Güte mit Ihnen auseinanderzukommen, so zahlen Sie mir fünf Taler und bleiben Sie mein Freund.« Ich erwiderte, daß ich dies unmöglich annehmen könne und daß damit das Holz, das ich hätte verbrennen müssen, bei weitem nicht bezahlt sei. »Ei«, erwiderte er, »das geht Sie nichts an; ich will nichts mehr haben.« Ich mußte mich schließlich damit zufriedengeben.

Mittlerweile waren der Kämmerer *Schmidt* und ich in unsere Ämter eingeführt worden, bei welcher Gelegenheit dem anwesenden Geheimrat und den Magistratsmitgliedern von Herrn Schmidt ein großes Fest gegeben wurde, und nach und nach begann auch meine dienstliche Tätigkeit, die sich, wie mir der Herr dirigierende Bürgermeister angekündigt hatte, zunächst auf das Durchlesen der mir vom Magistrat zugeschickten Akten erstreckte. Die darin enthaltenen Handschriften waren mir nicht nur unbekannt, sondern zumeist auch unleserlich, und ich würde ohne die unverdrossene Hilfe des biederen *Pudor*, trotz Mühe und Fleiß, damit nicht durchgekommen sein. Ich mußte mich Tag und Nacht quälen und stand oft auf dem Punkte, mein Amt wieder aufzugeben, wenn mein Ehrgeiz dies gelitten hätte. Freund *Pudor* tröstete mich, so gut er konnte, und ermahnte mich, Geduld zu haben; es werde alles noch recht gut gehen. Daneben war es für mich auch sehr bedrücklich, daß ich vorläufig keinerlei Nebenverdienst hatte und lediglich auf mein unzureichendes Gehalt angewiesen war. Es ging mir durch Mark und Bein, daß ich von den mitgebrachten Friedrichsdor und Dukaten einen nach dem anderen mußte springen lassen, da ich doch in Potsdam ein gutes Brot verlassen hatte.

Es sollte aber noch schlimmer kommen. Ich war bereits einige Monate in Beeskow, als der Bürgermeister mir einige Dokumente zum Abschreiben übergab. Ich erkundigte mich bei *Pudor*, wie ich diese Arbeit anzugreifen habe, und verfuhr nach seiner Anweisung. Als ich meine Abschrift dem Bürgermeister vorgelegt und dieser sie durchgesehen hatte, sagte er mir, daß die Arbeit gar nichts tauge, weil ich die Datums ganz verkehrt gesetzt hätte. Ich antwortete ihm, daß ich mich genau nach dem Original gerichtet und daß Herr *Pudor* mir die erforderliche Anleitung gegeben hätte; die Abschrift sei ganz richtig. Hierüber wurde er so hitzig, daß er mir in Gegenwart der übrigen Magistratsmitglieder erklärte, ich müsse wohl nicht bei Sinnen sein, um dergleichen dummes Zeug schreiben zu können. Ich erwiderte hierauf, daß tolle Leute ins Tollhaus, aber nicht ins Rathaus gehörten, rief die übrigen Herren zu Zeugen der mir widerfahrenen Kränkung auf und ging nach Hause, wo meine Frau noch immer krank darniederlag. Ich war indessen entschlossen, mich über eine solche Behandlung bei einer höheren Stelle zu beschweren, und entschied mich dafür, zu diesem Behufe nach Frankfurt zu reisen.

Der Jude *Marcus* lieh mir auf meine Bitte hierzu sein Reitpferd, und gegen 4 Uhr nachmittags ritt ich ab. Hinter *Markendorf* wurde es sehr finster, und ich verfehlte den Weg, so daß ich nach *Tzschetzschnow* gelangte und mir von dort einen Wegweiser mitnehmen mußte. Erst nach 9 Uhr kam ich, halb erfroren und hungrig, in Frankfurt an, wo ich im »Goldenen Engel« mit einem kalten Zimmer und sehr schlechtem Abendessen vorliebnehmen mußte. Herr Geheimer und Steuerrat *Gutschmidt*, bei dem ich mich am anderen Morgen meldete, empfing mich sehr freundlich und ließ sich von mir meine Beschwerde vortragen. Ich erklärte ihm offen, daß ich mir seitens des Dirigenten Beschimpfungen nicht könne gefallen lassen und daß ich willens sei, lieber sofort abzudanken und nach Potsdam zurückzukehren. Er versprach mir, daß er am Freitag der folgenden Woche persönlich nach Beeskow kommen und dort versuchen werde, die Sache beizulegen. Einstweilen gab er mir ein Schreiben an den dirigierenden Bürgermeister mit und versicherte mir, daß ich weitere Kränkungen nicht zu befürchten hätte. Im übrigen mußte ich auf seine Einladung das Mittagsessen mit ihm einnehmen. Ziemlich spät am Abend langte ich wieder zu Hause an.

Ein paar Tage vorher war eine Verfügung an den Magistrat ergangen, nach welcher eine Vorlage für die Ausschreibung zur Feuerkasse aufgestellt werden sollte. Der dirigierende Bürgermeister hatte die Güte gehabt, mir diese Arbeit zu übertragen. Ich fühlte mich indessen noch zu neu und unerfahren, sie zu übernehmen, und bemerkte daher unter dem Dekret des Dirigenten, daß die Anfertigung einer solchen schwierigen Vorlage nicht Sache eines einzelnen Mitgliedes, sondern des Magistrats sei; ich würde nicht verweigern, diese Vorlage abzuschreiben, wenn sie fertig sei. Der Bürgermeister überging dies mit Stillschweigen, gab mir jedoch durch sein unfreundliches Benehmen sein Mißfallen deutlich zu erkennen.

Nachdem Herr Geheimrat *Gutschmidt*, wie er mir versprochen hatte, am Freitag eingetroffen war, wurden wir von ihm auf den Sonnabendvormittag nach dem Rathause bestellt. Auf seine Erkundigung nach der Ursache meiner Beschwerde berichtete der Bürgermeister, daß ich die Arbeit, die er mir aufgetragen, verdorben hätte. Da ich mein Unrecht nicht hätte einsehen wollen und in meiner Antwort sogar hitzig gewesen wäre, sei er ebenfalls in Eifer geraten und habe mir allerdings gesagt, ich hätte tolles Zeug geschrieben. Ich bat, daß die betreffenden Schriftstücke dem Herrn Geheimrat zur näheren Prüfung vorgelegt werden möchten; dieser verglich das Original mit der Abschrift und erklärte sodann, daß ich ganz nach der Vorschrift gearbeitet hätte; ich könne nichts dafür, wenn das Original verheftet sei. Er erzählte dabei, daß er vor kurzem einen ähnlichen Zwist zwischen dem Dirigenten, Kriegsrat *Frommel* in Frankfurt, und einigen dortigen Senatoren untersucht und ausgeglichen habe. Er habe bei dieser Gelegenheit den Herrn Frommel angewiesen, die Senatoren nicht als seine Untergebenen, sondern als seine Kollegen zu behandeln, und erwarte von dem Dirigenten *Hannemann*, daß er in Zukunft seine Ausdrücke besser wählen und die kollegialische Freundschaft nicht mehr stören werde, zumal er wohl gesehen habe, daß ich mir die Butter nicht vom Brot nehmen lasse.

Wir mußten uns nunmehr die Hände geben, und der Streit hatte ein Ende. Ich habe von dieser Zeit an bis heute mit dem würdigen Bürgermeister *Hannemann* auf einem durchaus freundschaftlichen Fuße gelebt; er konnte mich in der Folge bei seinen städtischen Geschäften nur schwer entbehren und zog mich in allen Sachen zur Mitarbeit heran, bis ich nach dem Tode des Kämmerers *Schmidt* an dessen Stelle das Rechnungswesen der Stadt übernahm.

Unfreundlicher blieb mein Verhältnis zu einem anderen Mitgliede des Magistrats, dem Polizeibürgermeister *Natus*, mit dem ich insbesondere hart zusammengeriet, als nach Ausbruch des Krieges gegen Frankreich im Jahre 1791 die Urteile über die französische Nation sich schroff gegenüberstanden. *Natus*, der gern spottete, hatte mich schon oft mit meinen Landsleuten aufgezogen, und ich hatte mir diese Neckereien als harmlosen Scherz gefallen lassen. Weniger behagte es mir, daß er bei Gelegenheit einer von ihm geleiteten Auktion, bei der große gläserne Korallen zum Verkauf kamen, mich öffentlich zur Erwerbung derselben aufforderte, da es Rosenkränze seien, die ich brauchen könne. Ich entfernte mich, ohne ihm zu antworten, und verbiß meinen Groll, der jedoch bei dem nächsten Anlaß um so heftiger ausbrechen sollte. Es war an einem Sessionstage, wo auch die Stadtverordneten und die vier Gewerke zugegen waren, als er, zum Rathause kommend, die Nachricht mitbrachte, daß Mainz von den Preußen sehr eng eingeschlossen sei. Sich zu mir wendend, fügte er hinzu: »Ihre Landsleute laufen wie die Hasen und haben kein Herz.« Ich fragte ihn, ob die Gascognade sowie seine frühere Bemerkung über die Rosenkränze auf mich gemünzt sein sollten, und er erwiderte mir, daß ich nicht besser sei als die anderen. Ich griff in meiner Erbitterung nach einem vor mir stehenden großen Tintenfaß und war im Begriffe, ihm dies an den Kopf zu werfen, als der neben mir stehende Kämmerer mir zum Glück noch die Hand festhielt.

Die sehr unedle Rache meines Kollegen bestand darin, daß er mich bei der königlichen Kammer als einen Jakobiner denunzierte. Der mit der Untersuchung beauftragte damalige Steuerrat, jetzige Oberbürgermeister *Büsching* in Berlin, vernahm die bei jenem Vorfall anwesend gewesenen Zeugen, und auf seinen Bericht wurde Herr *Natus* mit seiner unbefugten Klage abgewiesen und ihm aufgegeben, seine Spöttereien in Zukunft zu unterlassen.

Seither lebten wir in beständiger Feindschaft, ohne uns anzusehen noch miteinander zu reden. Eine Versöhnung kam erst kurz vor dem Tode des *Natus* zustande.

Als dieser nach einer schweren Erkrankung fühlte, daß er wohl nicht mehr aufkommen würde, ließ er den Magistrat zu sich bitten und mich besonders einladen, um seinen Letzten Willen aufzunehmen. Ich ging mit den übrigen Herren zu ihm; er reichte mir die Hand, bat mich, ihm sein Verhalten gegen mich zu vergeben, und ersuchte mich, die Vormundschaft über seine unmündigen Kinder zu übernehmen, was ich auch versprach. Nach einigen Tagen war er verschieden.

Ich muß hier noch nachholen, daß mein alter Gönner, General *v. Rhodich*, mir nach wie vor gewogen blieb und wiederholt erkennen ließ, daß er sein Versprechen, auch fernerhin für mich zu sorgen, nicht vergessen hatte.

Als der bisherige *Verwalter der Kirchenkasse*, Akziseeinnehmer *Schmidt*, nach Brandenburg versetzt und dadurch jene Stelle erledigt wurde, meldete ich mich nebst einigen anderen zu ihr. Zwischen dem damaligen Amtsrat *Eisenhard*, dem Magistrat und dem Superintendenten *Plaen*, als Obervorsteher, wurde ein Wahlprotokoll über die verschiedenen Bewerber aufgenommen, in welchem Herr Eisenhard und der Magistrat sich für mich entschieden, während Herr Plaen meiner Wahl sich widersetzte, weil ich katholischer Konfession sei und dies bei der evangelischen Gemeinde Anstoß erregen würde. Ich berichtete hierüber an Herrn General *v. Rhodich*, der inzwischen Kriegsminister geworden war, und bat ihn, sich für mich zu verwenden. Schon nach kurzer Zeit erhielt ich die Abschrift eines von dem Oberkonsistorium erlassenen Reskripts, wonach ich, ohne Rücksicht auf meine Konfession und mit der einzigen Bedingung, die übliche Kaution zu hinterlegen, zum Rendanten der Kirche ernannt wurde, indem die Rendantenstelle mit dem ritu in keiner Verbindung stünde.

Einen entsprechenden Erfolg von der Fürsprache meines einflußreichen Gönners hatte ich bei der Bewerbung um ein anderes, bis dahin von meinem Freunde *Pudor* verwaltetes Nebenamt, um die Stelle eines Revisors der königlichen *Kalfaktorei*. Sie trug jährlich 40 Taler nebst einigen Emolumenten ein, legte aber dem Inhaber keine andere Verpflichtung auf, als am Schlusse jeden Monats ein kurzes Protokoll über die vorhandenen Natural- und Geldbestände der Faktorei an das königliche Oberbergamt zu Berlin einzureichen. Als im Jahre 1795 *Pudor* nach Potsdam versetzt wurde, zeigte ich dies Herrn General *v. Rhodich* mit der Bitte an, mir seine Unterstützung zur Erlangung dieses Amtes gewähren zu wollen. Ich erhielt darauf meine Bestallung als Revisor, ohne daß ich nötig gehabt hätte, mich deshalb an das Oberbergamt zu wenden.

Ganz neue Aufgaben und eine bewegte, verantwortungsvolle Tätigkeit brachten mir die Kriegszeiten, die zu Anfang des gegenwärtigen Jahrhunderts über Preußen hereinbrachen. 1806 begann der unglückliche Krieg gegen Napoleon, und noch vor Ende dieses Jahres war unsere Provinz vom Feinde überflutet. Sobald das Davoutsche Korps in Frankfurt eingerückt war, wies der Steuerrat *Köhler* den hiesigen Magistrat an, mich sofort dahin zu schicken, um in den dortigen Bureaus, wo es an geeigneten Kräften fehlte, Hilfe zu leisten. Der Magistrat sowohl wie auch der damalige Landrat *v. Maltiz* protestierten jedoch hiergegen, weil ich allein der französischen Sprache mächtig sei und sie mich deshalb nicht entbehren könnten.

Ich fand auch hier bald genügende Arbeit. Alle Requisitionen, die seitens des französischen Kommissariats an den Landrat oder den Magistrat ergingen, mußte ich übersetzen und beantworten. Da nun diese Requisitionen stets von Exekutionskommandos überbracht wurden, welche meist in der Nacht eintrafen und dann von den Torwachen sofort an mich gewiesen wurden, so hatte ich selten Ruhe. Der Landrat bekümmerte sich für seine Person um nichts, sondern überließ alles mir und dem Kreissteuereinnehmer *Busse*. Da letzterer mir gegenüber wohnte, so wurde er beim Eintreffen einer neuen Requisition sofort gerufen; wir tauschten unsere Meinung aus, und danach wurde die Antwort aufgesetzt.

Den ganzen Winter von 1806 zu 1807 wurden für Stadt und Land derartige Lieferungen an Fleisch, Brot, Hafer, Tuch usw. ausgeschrieben. Da es jedoch nicht immer möglich war, die Naturallieferungen auszuführen, und übrigens die Gefahr bestand, dabei Pferde und Wagen zu verlieren, so wurde beinahe alles mit Geld abgemacht. Herr *Busse* und ich waren infolgedessen genötigt, wenigstens alle 14 Tage einmal nach Frankfurt zu reisen, wo wir uns bisweilen zwei oder drei Tage aufhalten mußten, ehe wir unsere Abfertigung erhalten konnten.

Auch an erregteren Zwischenfällen fehlte es nicht ganz. Einmal kamen des Nachts zwei Chasseurs auf Exekution, die sich, wie gewöhnlich, bei mir meldeten und von mir vorläufig in einen Gasthof gewiesen wurden, da das Verlangte nicht gleich beschafft werden konnte und ich in diesem Falle auch mit dem Landrat Rücksprache darüber nehmen mußte. Am nächsten Morgen erschien in der Frühe der Kriegsrat *Hagemann* aus *Ragow*, der mir mitteilte, daß die betreffenden beiden Chasseurs von seinem Verwalter zu *Mertz* 30 Taler erpreßt hätten. Ich ging mit ihm sogleich in den Gasthof und stellte jene darüber zur Rede. Anfangs legten sie sich aufs Leugnen. Als ich ihnen jedoch eröffnete, daß der von ihnen beraubte Verwalter sogleich erscheinen und sie überführen würde und daß sie alsdann nach den von Seiner Majestät dem Kaiser ergangenen Befehlen ihre

Strafe zu erwarten hätten, entschuldigte sich der eine damit, daß das Geld nicht erpreßt, sondern seitens des Verwalters ihnen gutwillig gegeben worden sei, daß sie sich daher für ermächtigt hielten, es zu behalten. Ich hielt ihnen eine scharfe Strafpredigt, in der ich vor allem auf das Ehrgefühl hinwies, das einem jeden Franzosen eigen sein müsse, und erzielte damit, daß sie das geraubte Geld ohne fernere Weigerung zurückgaben.

Ein anderes Mal rückte eines Abends, als es finster wurde, ein Exekutionskommando von zwölf Mann in meine Wohnstube, wo sie, ohne anzufragen und ihre Ordre vorzulegen, ihre Gewehre absetzten und Stühle nahmen, um sich auszuruhen. Ein solches Benehmen empörte mich so, daß ich sie etwas ungestüm befragte, was sie hier in meiner Wohnung zu suchen hätten und auf welche Ordre? Der Korporal zog seine Brieftasche heraus und wies mir eine Ordre vor, wonach sie bei dem Landrat sich auf Exekution legen sollten. Ich erwiderte ihm, daß ich nicht der Landrat, sondern nur der Dolmetscher der Stadt sei und daß sie demnach bei mir nichts zu suchen hätten. Ich könne ihr Benehmen nicht gutheißen und würde mich darüber bei dem mir genau bekannten Kommandanten von Frankfurt beschweren; ich wisse auch, daß sie angewiesen seien, jedermann mit Artigkeit zu behandeln, und daß eine Verletzung der vom Kaiser ausgegangenen betreffenden Befehle ihnen eine Strafe zuziehen werde. Sie nahmen hierauf ihre Waffen wieder auf und gingen mit dem ihnen mitgegebenen Führer nach ihren in den Gasthöfen zum »Weißen Schwan« und »Schwarzen Adler« angewiesenen Quartieren, wo sie sich artig und ruhig betrugen.

Allmählich wurden die von dem Kommissariat ausgeschriebenen Requisitionen für die Stadt und den Kreis immer drückender. Ich erhielt daher den Auftrag, mit Herrn *Busse* nach Frankfurt zu reisen und dort die nötigen Vorstellungen zu machen; letztere wurden mit ein paar Hasen und einigen Friedrichsdor für den Oberkommissar *Verville* begleitet. Da es sich damals um eine große Lieferung von lebendigen Ochsen handelte, so gestattete es der Kommissar, daß wir darüber mit einem Frankfurter Fleischer direkt unterhandeln durften. Es gelang uns, mit diesem einen verhältnismäßig günstigen Kontrakt abzuschließen, das Geld wurde in der Handlung *Krüger & Rottig*, wo ich besonders bekannt war, eingezahlt, und wir kamen für diesmal noch ziemlich wohlfeil davon. Ich muß bei dieser Gelegenheit bemerken, daß die französischen Kommissare die Anwesenheit Busses bei unseren Unterhandlungen sehr ungern sahen und sich erst beruhigten, als ich ihnen versicherte, daß jener nicht ein Wort Französisch verstünde.

Noch fühlbarer wurde uns die Anwesenheit des Feindes im Lande, als nach Abschluß des Tilsiter Friedens die französischen und Rheinbundstruppen aus Schlesien zurückgezogen wurden und namhafte Teile derselben auf ihrem Durchmarsch bei uns Quartier machten.

Zuerst traf eine unter dem Befehl des Generalleutnants *v. Lilienberg* stehende Abteilung *württembergischen* Militärs ein. Herr *Busse* und ich waren ihnen bis Frankfurt entgegengefahren, und es war uns dort mitgeteilt worden, daß in *Beeskow* selbst der General mit seinem Stabe, der Regimentskommandeur, eine vollständige Kompagnie und das Hauptlazarett kantonieren sollten. Dementsprechend waren unsere Vorbereitungen getroffen worden. Die Quartiere der beiden Kommandeure waren in den Wohnungen der abwesenden Rittmeister *v. Stechow* und *v. Bismarck* eingerichtet, wo auch für die Offizierstafel gesorgt war. Bei der Ankunft des Regiments machten der Magistrat nebst dem Landrat den

Kommandeuren ihre Aufwartung. Diese versprachen uns, daß gute Manneszucht gehalten werden würde und daß wir mit ihnen zufrieden sein sollten.

Freilich ahnten wir nicht, welche Ansprüche sie stellen würden. Schon am nächsten Morgen erklärte uns der Adjutant des Generals, daß für diesen eine besondere Haushaltung eingerichtet werden müsse, während der Oberst und die übrigen Offiziere zusammen speisen könnten. Auf meine Vorstellung, daß die Verpflegung der Offiziere am Ankunftstage wegen der von ihnen verlangten feinen Weine so kostspielig gewesen sei, daß die Stadt einen solchen Aufwand fernerhin unmöglich erschwingen könne, wurde mir geantwortet, daß diese Kosten nur eine Kleinigkeit und die Forderungen der Offiziere im Gegenteil ungewöhnlich bescheiden seien.

Am Nachmittage erschien gar eine Ordonnanz des Generals bei mir mit der Mitteilung, daß am zweiten Tage der Kommandeur des Armeekorps zu Tisch erwartet würde und daß bis dahin Forellen und Elblachs beschafft werden müßten. Auf meine Erklärung, daß wir gern alles tun würden, um den Herrn General zufriedenzustellen, daß es aber völlig unmöglich sei, diesen Wunsch zu erfüllen, entfernte er sich, kehrte jedoch sogleich zurück und wiederholte mit Ungestüm seine Forderung. Darauf geriet auch ich in Hitze und antwortete ihm, daß kein Mensch zu Unmöglichem angehalten werden könne. Glaube der Herr Generalleutnant das Recht zu haben, über meinen alten grauen Schädel zu disponieren, und halte er sich für befugt, mir solchen ohne Urteil und Recht abhauen zu lassen, so stünde ich in seiner Gewalt. Die Ordonnanz ging brummend weg und kam diesmal nicht wieder.

In einem Zeitraum von nur fünf Tagen einschließlich des Ankunftstages betrugen allein die Kosten für den

General 275 Taler. Ich stellte dem Magistrat vor, daß die Stadt solche Ausgaben zu bestreiten außerstande sei. In einer Unterredung, die der Herr dirigierende Bürgermeister und ich bei dem Herrn General nachsuchten, stellten wir ihm unsere Lage vor und einigten uns schließlich dahin, daß für den General, den Adjutanten und deren Personal täglich 25 Taler in bar, das nötige Holz, zwei Boten zu Fuß und zu Pferde sowie ein Wagen zu stellen seien, während zur Beköstigung des Herrn Oberst und der Offiziere für einen besonderen Koch gesorgt werden solle. Der Oberst war ein Biedermann, der unsere Einrichtungen billigte und es durchsetzte, daß die Offiziere mit je einer halben Flasche Wein zu Mittag und zu Abend sich begnügen mußten.

Immerhin waren die uns erwachsenden Kosten so hoch, daß sie aus der Stadtkasse nicht bestritten werden konnten.

Es wurde daher eine Umlage nach dem Servisfuß gemacht, wonach jeder Bürger vier Taler für die Portion zu erlegen hatte. Einzelne mußten demzufolge 50–60 Taler auf einmal bezahlen; dennoch machte es keine Schwierigkeit, diese Steuer einzuziehen; das Geld rollte damals unter den Einwohnern, und es war kein Mangel daran.

Doch sollte es nicht ohne weitere Streitigkeiten mit unseren ungebetenen Gästen abgehen. Als diese eintrafen, zählte das Regiment verhältnismäßig viele Kranke, die in verschiedenen dazu eingerichteten Stuben einiger Bürgerhäuser untergebracht und von den Einwohnern mit Speise und Trank verpflegt wurden. Es waren für sie täglich 48 Quart Wein gefordert und geliefert worden. Als sechs Wochen verstrichen waren, stellte ich dem Magistrat vor, daß wir der Stadt gegenüber einen solchen Kostenaufwand nicht verantworten könnten. Einmal habe ich die Anzahl der Kranken, für die der Wein bestimmt sei, um mehr als die Hälfte vermindert; dann aber wären wir zu einer solchen Lieferung überhaupt nicht verpflichtet, da nach einer kaiserlichen Bestimmung die Lazarette auf Kosten der Heeresverwaltung zu unterhalten seien und uns nicht einmal zugemutet werden könne, die nötigen Vorschüsse zu machen. Der Magistrat trat meinen Vorschlägen bei, und wir erklärten hierauf dem Regimentsarzt, daß wir weder Arzneien noch Wein für die Kranken zu liefern brauchten und fortan den Wein verweigerten.

Der Regimentskommandeur wie der Arzt beschwerten sich hierüber bei dem kommandierenden Generalfeldzeugmeister, der damals zu *Fürstenwalde* kantonierte, und dieser beauftragte den Oberkommissar *Römer* nebst dem Oberstabsarzt und einem zweiten Arzt, die Sache an Ort und Stelle zu untersuchen und die Gründe der Verweigerung des Weines zu erforschen. Auf die Aufforderung des Oberkommissarius begaben sich die Mitglieder des Magistrats, denen sich auf meine Bitte auch der Landrat angeschlossen hatte, in den Gasthof zum »Weißen Schwan«. Bei unserem Eintritt fragte der von seiner Suite umgebene Oberkommissar mit barscher Stimme, wer der dirigierende Bürgermeister sei und, als hierauf Herr *Hannemann* vortrat, warum dieser den Kranken den Wein versagt habe. Auf dessen in aller Demut vorgebrachte Entschuldigung, daß er die Stadt hierzu nicht für verpflichtet halte, wurde der Oberkommissar gegen den würdigen Mann so ausfällig, daß dieser vorzog zu schweigen. Nunmehr trat ich vor und stellte die Gegenfrage, mit welchem Recht jener Wein für die Kranken verlange. Eigentlich sei ich derjenige, der den Wein versagt hätte, weil die von mir verwaltete Gemeindekasse die Kosten dafür weder tragen könne noch nach den hohen kaiserlichen Verfügungen zu tragen nötig habe.

Hierauf versetzte der Oberkommissar ganz ironisch:

»Sie also erdreisten sich, unsere Befehle nicht zu befolgen. Wissen Sie, daß ich Sie sogleich nach Fürstenwalde als Arrestant abführen lassen werde?« Ich erwiderte ihm, daß ich nicht nach Fürstenwalde gehöre und dorthin nicht gehen würde, wohl aber nach Berlin zu Marschall *Victor*, der als Gouverneur der Provinz sowohl dem Militär wie den Zivilisten zu befehlen habe und dem ich unsere gerechte Beschwerde über eine solche gesetzwidrige Anmaßung vortragen würde. Als weiterhin noch Herr Landrat *v. Maltiz* mir beistimmte und gegen die Haltung des Herrn Oberkommissars Einspruch erhob, wurde dieser etwas kleinlaut und fragte, ob wir den Kranken, welche darunter nicht leiden dürften, nicht wenigstens täglich ein halbes Quart Wein auf die Person zufließen lassen wollten. Wir verweigerten anfangs auch dies; da aber der Regimentsarzt uns in höflicher Weise um einige Quart für die Kranken bat, so gestanden wir ihm schließlich statt der bisherigen 48 Quart täglich sechs Quart zu. Herr *Römer* wurde alsdann ganz freundlich, und wir gingen friedlich auseinander.

Übrigens fehlte es auch nicht an angenehmeren Beziehungen zwischen uns und den württembergischen Offizieren. Auf dem Gute *Groß-Rietz*, wo der Stab des Regimentes kantoniert war, wurde von den Offizieren ein großer Ball veranstaltet, zu dem neben verschiedenen anderen Familien des Kreises und der Stadt auch ich mit den Meinigen eingeladen worden war. Die köstlich besetzten Tafeln waren im Orangeriehause aufgeschlagen, und die Herren Offiziere bemühten sich, uns in jeder Weise aufzuwarten. Dazu wurde von dem Hoboistenkorps des Regiments eine angenehme Musik gemacht. Im großen Saale des Gutshauses wurde getanzt, in den anderen Zimmern standen die Spieltische. Auf die dringende Aufforderung des Herrn Oberst, mit dem ich schon wiederholt in *Lindenberg* sowie im Beeskower königlichen Amt eine Partie L'hombre gemacht hatte, mußte auch ich am Spiele mich beteiligen, und zwar in Gemeinschaft mit Herrn Generalleutnant von *Lilienberg* und Herrn Amtmann *Baath*. Meine Vorstellungen, daß ich mit einem Generalleutnant mich nicht messen könne und daß meine Kasse dafür nicht hinreiche, waren vergeblich. Wir spielten ziemlich hoch, ich war aber vorsichtig und hatte, bevor wir zu Tisch gingen, wohl an 40 Dukaten gewonnen. Nach Tische, als ich von den dabei genossenen Weinen erhitzt war, wagte ich mehr, so daß der Gewinn, mit dem ich nach Hause fuhr, schließlich auf 27 Dukaten zusammenschmolz. Ich freute mich aber um so mehr darüber, weil ich sie einem von unseren Feinden abgenommen hatte. Als ich am nächsten Tage dem Herrn Generalleutnant sein Tafelgeld schickte, ließ er mir sagen, daß er auf baldige Revanche hoffe. Auch kamen wir noch ein paarmal auf dem Beeskower königlichen Amte zum Spiele zusammen; doch hatte mir Fortuna den Rücken gekehrt, und wenn ich auch keine Verluste zu beklagen hatte, so war mein Gewinst doch nur ein sehr mäßiger.

Nach dem Abmarsch der Württemberger, der im November des Jahres 1807 erfolgte, erhielten wir als Einquartierung eine Abteilung der »Equipages militaires«. Ihr Anführer, Oberst *de Sorel*, führte ein Berliner Freudenmädchen bei sich, das etwas Französisch sprechen konnte. Beide, insbesondere aber das letztere, hatten das Talent, uns durch ihre unmäßigen Forderungen bis aufs Blut zu quälen. Zu einem ernstlichen Démêlé mit ihnen kam es aber erst, als nach etwa sechs Wochen eine Anweisung des Generals Grafen von *St. Julien* bei uns eintraf, zwei Eskadrons vom zwölften französischen Kürassierregiment in Kantonnement aufzunehmen.

Da es unmöglich war, diese beiden Eskadrons neben

den Equipages militaires unterzubringen, so wurden der damalige Senator (jetzige Bürgermeister) *Schmidt* und ich nach Frankfurt geschickt, um dem genannten General eine entsprechende Vorstellung zu machen. Er sah die Berechtigung derselben sehr wohl ein und versah uns mit einem Schreiben an Herrn Oberst *de Sorel*, wonach die Equipages militaires die Stadt zu räumen hätten. Als ich jedoch anderentages dieses Schreiben dem Obersten einhändigte, erklärte mir dieser, daß er weder der Brigade des Herrn Grafen von *St. Julien* angehöre noch unter dessen Kommando stehe, demnach also die Stadt nicht eher räumen würde, als bis er von seinem in Berlin befindlichen kommandierenden General den Befehl dazu erhalten hätte. Ich erwiderte ihm, daß er recht habe und daß ich unendlich bedauern würde, wenn wir ihn verlieren sollten.

Nachdem ich dem Magistrat, der im Rathause auf mich wartete, diese Antwort überbracht hatte, wurde beschlossen, mich nach Berlin zu schicken, um unsere bedrängte Lage dem Marschall *Victor* vorzustellen. Herr Kaufmann *Schwedler* erklärte sich bereit, mich zu begleiten. Trotz eines zweitägigen Aufenthaltes in Berlin gelang es uns nicht, bei dem Herrn Marschall, den wir bei seinem Ausgange aus der katholischen Kirche zu Gesicht bekamen, persönlich vorgelassen zu werden. Ich hatte indessen eine schriftliche Eingabe aufgesetzt und diese bei unserem ersten Besuche dem Kammerdiener übergeben, dem wir für eine Unterstützung des Gesuches unsere Erkenntlichkeit in Aussicht gestellt hatten. Als wir am zweiten Tage zu der von diesem angegebenen Stunde wiederum uns einstellten, wurden wir in das Bureau des Marschalls gewiesen, wo uns ein Oberst die bereits ausgefertigte Ordre vorwies, daß die Equipages militaires angesichts dieses Beeskow zu verlassen und sich nach Storkow zu begeben hätten. Wir dankten für diese schleunige Hilfe und empfahlen uns, froh, unseren Zweck erreicht zu haben. Da der Kammerdiener oder Sekretär, der uns am vorherigen Tage empfangen hatte, nicht erschien, so behielten wir überdies die zwei Friedrichsdor in der Tasche, die wir ihm zugedacht hatten.

Nach Beeskow zurückgekehrt, erfuhren wir, daß die erwähnte Ordre bereits eingetroffen sei. Herr Oberst *de Sorel* erkundigte sich einige Male, ob ich schon wieder da sei; man antwortete ihm, daß ich zwar zu Hause wäre, mich aber unwohl befände und nicht ausgehen könne. Er requirierte noch an demselben Abend einige Pfund Kaffee, Schokolade und zwei Hut Zucker, die seine Konkubine mit nach Storkow nahm. Wir wünschten ihm eine glückliche Reise und waren zufrieden, ihn loszuwerden.

Einige Tage nach dem Ausmarsch der Equipages militaires rückten die beiden Eskadrons französischer Kürassiere in die Stadt, deren Offiziere wir möglichst gut einzuquartieren suchten. Kommandeur derselben war ein Kapitän *Bernhard*, der jedoch trotz seines deutschen Namens kein Wort Deutsch sprach, während der Führer der zweiten Eskadron, Kapitän *Mathes*, sich ziemlich gut zu verständigen wußte. Wir bewillkommneten sie und baten, nicht nur eine gute Manneszucht zu halten, sondern auch die Mittel der Stadt nicht übermäßig anstrengen zu wollen, weil die Bürger verarmt und die Kassen erschöpft seien.

Kapitän *Bernhard* bat uns seinerseits um einige Stücke Tuch, um die zerrissenen Mantelsäcke seiner Leute erneuern zu können, wozu das Regiment, das seit fünf Monaten ohne Löhnung geblieben war, keinen Fonds hätte. Wir erklärten uns hierzu gern bereit, falls einige Mannschaften und Pferde in die umliegenden Dörfer verlegt würden, was sie ihrerseits ohne weiteres zugestanden, jedoch von der Einwilligung des Brigadiers abhängig machten. Auch in jeder anderen Hinsicht wurde ein billiges Übereinkommen zwischen uns und unserer Einquartierung erzielt. Kapitän *Bernhard*, dem eine tägliche Gratifikation von zwei Talern bewilligt wurde, erhielt sein Quartier bei der verwitweten Frau Rektor *Selchow*, wo auch die Tafel für die Herren Offiziere eingerichtet wurde, die uns auf 500–600 Taler monatlich zu stehen kam. Sie alle waren mit den von uns getroffenen Einrichtungen wohl zufrieden, und Herr *Bernhard* sorgte für möglichste Sparsamkeit, namentlich in Ansehung des Weines. Das Betragen dieser Kürassierabteilung, die acht Monate bei uns kantonierte, war geradezu exemplarisch; entstanden zuweilen kleine Zwistigkeiten zwischen Bürgern und Soldaten, so wurde der Fall genau untersucht, und es wurden die schuldig befundenen Militärpersonen hart bestraft.

Von den Vorfällen, die sich nach dem Ausmarsch der Kürassiere gelegentlich des Durchzuges weiterer Truppen bei uns ereigneten, will ich nur zwei erwähnen, bei denen ich die Interessen der Stadt gegenüber einer Benachteiligung derselben zugunsten des Kreises wahrzunehmen hatte und dadurch mit meinem alten Genossen, dem Kreissteuereinnehmer *Busse*, in Streit geriet.

Das eine Mal waren wir angewiesen worden, einem ganzen *italienischen* Regimente Nachtquartier zu geben, während verschiedene an der Militärstraße liegende Dörfer, wie *Groß-* und *Klein-Rietz* nebst Zubehör, *Kietz, Bahrensdorf* usw. frei bleiben sollten. Um dagegen zu protestieren, wurde ich nebst dem Senator *Schmidt* nach *Lebus* geschickt, wo der kommandierende General im Quartier lag. Trotzdem wir erst gegen 9 Uhr abends in diesem von Militär wimmelnden Orte ankamen, wurden wir doch vorgelassen und sehr artig empfangen.

Wir hatten eine Karte des Kreises mitgebracht, und es gelang uns, den Herrn General von der Berechtigung unseres Verlangens zu überzeugen. Wir wurden mit der Versicherung entlassen, daß die bezeichneten Dörfer mit zwei Kompagnien belegt werden sollten.

Gleichzeitig mit uns trafen jedoch am anderen Morgen die Fouriere des Regimentes ein, um Quartier zu machen, und der Magistrat versammelte sich auf dem Rathause, um über die Dislokation zu beschließen und die Quartierbillets auszufertigen. Aus dem Dislokationsplane, den der gleichfalls anwesende Kreissteuereinnehmer *Busse* namens der Kreisverwaltung aufgestellt hatte und vorlegte, ersah ich, daß die Herrschaft Rietz mit allem Zubehör in der Tat ausgelassen war, was Herr Busse damit begründete, daß diese Dörfer von der Militärstraße zu entfernt lägen. Ich legte den quartiermachenden Offizieren unsere Karte vor und sagte ihnen, daß der General auf Grund dieser den von uns aufgestellten Plan genehmigt habe. Die Fouriere wollten sich jedoch auf meine Vorstellungen nicht einlassen und erklärten, daß die gesamten Mannschaften in der Stadt bleiben sollten. »Gut«, sagte ich, »sie müssen dann aber mit schlechten Quartieren vorliebnehmen.« Hierauf wurden die Quartierbillets ausgefertigt.

Als nach einigen Stunden das Regiment eintraf, begab ich mich sofort zu dem General, der bei der verwitweten Landrätin *v. Maltiz* einquartiert war, und berichtete ihm, daß seine Fouriere die von ihm genehmigte Dislokation nicht hätten annehmen wollen, so daß eine ganze Anzahl von Dörfern leer stünde, während seine Soldaten hier zum Teil bei Bürgern hätten einquartiert werden müssen, die ihnen zufolge ihrer großen Armut nicht das geringste gewähren könnten. Der General ließ durch seinen Adjutanten sofort die quartiermachenden Offiziere rufen, verwies ihnen ihr Benehmen und kündigte ihnen Arrest an; dann ließ er Chamade schlagen, und zwei Kompagnien wurden nach *Groß-Rietz* und seinem Zubehör detachiert.

Ganz ähnlich lag der zweite Fall, bei dem es sich um französische Truppen handelte, die bei ihrer Ankunft die Stellung zahlreicher Wagen, Pferde usw. verlangten. Dies waren sämtlich Erfordernisse, für welche der Kreis zu sorgen hatte, die aber nicht bestellt worden waren – vermutlich um der Stadt diese Last aufzubürden. Ich wurde als Dolmetscher befragt, warum die Wagen usw. nicht gestellt seien und wer dafür zu sorgen hätte. Ich antwortete, daß dies Sache der landrätlichen Behörde sei und daß derartige Aufträge gewöhnlich durch den Kreissteuereinnehmer *Busse* ausgeführt würden. Ich mußte die betreffenden Offiziere hierauf nach der Wohnung Busses begleiten, wo seine Frau uns erklärte, daß ihr Mann nicht zu Hause sei und daß sie nicht wisse, wo er sich augenblicklich befinde und ob er bald wiederkommen werde. Der Offizier wurde hierüber sehr aufgebracht, begab sich zugleich zu dem Kommandeur und kehrte demnächst mit zwölf Mann und den Regimentstambours wieder, die in der Busseschen Wohnung auf Exekution eingelegt wurden. Der Frau wurde bedeutet, daß sie ihren Mann herbeizuschaffen, einstweilen aber sofort Wein, Brot und Butter für ihn und seine Leute zu liefern habe. Auch ich kam noch nicht davon. Man erklärte mir, daß ich wohl gleichfalls wissen würde, wo Busse sich befände, und daß ich daher nicht eher aus den Augen gelassen werden würde, bis jener sich eingefunden hätte. Ich erwiderte in höflichster Weise, daß es mir viel Vergnügen mache und eine besonders große Ehre für mich sei, in der Gesellschaft der Herren Offiziere bleiben zu dürfen.

Etwa nach einer Stunde erschien endlich Herr *Busse* in Begleitung des Landrats *v. Schütze*. Der Offizier ging jenen sehr hart an, faßte auf dessen Entschuldigung, daß nicht er, sondern nur der Landrat Befehle an den Kreis zu erteilen habe, ohne weiteres auch Herrn *v. Schütze* am Kragen und befahl diesem, mit ihm zum Kommandeur zu gehen. Als sie nach einer halben Stunde wiederkamen, wurden die nötigen Ordres an die umliegenden Dörfer ausgefertigt. Ich fragte inzwischen den Offizier, ob ich nunmehr meines Arrestes entledigt sei, erhielt jedoch von ihm den Befehl, die Boten zum Bestellen der Ordres zu besorgen. Auf meine Antwort, daß dies Sache des Polizeibürgermeisters sei, wurden sofort zwei Soldaten abgeschickt, um diesen zu holen. Der arme *Neydecker* kam, in seinen großen Pelz gehüllt, an und wurde befragt, ob er die Boten bestellt habe. Als er dies verneinte, weil ihm darüber nichts bekannt geworden wäre, wurde auch er zum Kommandeur geschleppt und von seiner Eskorte unterwegs ziemlich unsanft behandelt; zum Glück gewährte ihm der dicke Pelz, den er anhatte, einigen Schutz. Er ließ die nötigen Boten bestellen. Wir alle aber atmeten erleichtert auf, als schon am folgenden Tage diese bösen Geister wieder abmarschierten. Damit hatten, bis auf einige kleinere Überfälle, die Lasten und Opfer, welche uns durch den Krieg und die an diesen sich anschließende Okkupation des Landes erwachsen waren, ihr Ende erreicht.

Eine letzte und größte Gefahr hatten wir allerdings noch im Frühling des Jahres 1813 zu bestehen, als Preußen sich zum entscheidenden Kriege gegen Napoleon rüstete und die freiwillig den Fahnen zuströmenden Jünglinge nach Schlesien marschierten. Beeskow war damals ein Sammelplatz der märkischen Rekruten, von denen etwa 1500 nebst einigen freiwilligen Jägern in der Stadt nebst den Vorstädten, einige weitere Tausend in den umliegenden Dörfern einquartiert waren. In den östlichen

Festungen des Landes und in einigen Städten, so auch in Frankfurt, lagen jedoch damals noch starke französische Garnisonen.

Eines Morgens wurden wir benachrichtigt, daß die bisher in Frankfurt stehenden Truppen nach Abbrennung der Oderbrücke ihren Rückzug angetreten hätten und zunächst auf Beeskow marschierten. Da der stellvertretende Bürgermeister *Schmidt* verreist war, so ließ mich der Landrat *v. Sellentin* rufen, um mit ihm und dem Regierungsrat *v. Lützow*, der die Märsche der Rekruten anzuordnen und für deren Verpflegung zu sorgen hatte, die unsererseits zu treffenden Maßregeln zu beraten. Man beschloß, einen Versuch zu wagen, die uns drohende französische Einquartierung abzuwenden, und ich erbot mich, darüber mit dem Führer jener Truppen zu unterhandeln. In Gemeinschaft mit dem Kaufmann *Schwedler*, der dazu seine Pferde stellte, fuhr ich ihnen entgegen, und es gelang mir, hinter dem Dorfe Mertz den kommandierenden General zu erreichen. Ich stellte ihm vor, daß es unmöglich sei, seine außer der Artillerie und der Bagage über 3000 Mann zählenden Truppen bei uns aufzunehmen, weil der Ort zu klein und arm wäre und wir überdies bereits 2000 Mann preußische Rekruten und freiwillige Jäger zu Pferde in der Stadt hätten. Der General empfing uns sehr gütig, hörte uns gelassen an, gab uns aber den Bescheid, daß es ihm leid sei, unserem Gesuche nicht willfahren zu können; denn er sei von dem Feldmarschall beordert, in Beeskow zu übernachten und nicht einen Mann aus der Stadt umzuquartieren. Wir sollten im übrigen nichts fürchten; seine Soldaten würden mit der geringsten Bewirtung zufrieden sein.

Als wir, im vollen Galopp zurückgekehrt, diesen Bescheid dem Herrn Landrat und dem Regierungsrat *v. Lützow* überbrachten, war letzterer der Meinung, daß man sich der Gewalt mit den Waffen widersetzen müsse und daß zu diesem Zwecke die vorhandenen freiwilligen Jäger aufsitzen sollten. Mein Einspruch, daß wir viel zu schwach seien, um solchen geübten Truppen entgegentreten zu können, und daß wir dabei die Stadt einer Kanonade und Plünderung aussetzen dürften, trug mir einige ungeziemende Äußerungen von ihm ein, die ihm der Landrat Herr *v. Sellentin* jedoch verwies. Dieser setzte sich nunmehr selbst auf unseren Wagen, um dem Feinde entgegenzufahren und zu versuchen, ob er nicht glücklicher als wir sein würde. Etwa eine halbe Stunde später hatten sich die französischen Truppen bereits vor dem Frankfurter Tor gesammelt, um einzurücken. Ich hatte inzwischen, um in der Stadt Ordnung zu erhalten, die Nationalgarde in voller Parade am Frankfurter Tor aufmarschieren lassen; da aber die Straßen von aufgeregten Menschen wimmelten, so ließ ich ein Spalier vom Tor bis nach dem Rathause bilden, durch welches die Truppen unangefochten bis auf den Markt gelangen konnten, um die in größter Eile ausgefertigten Quartierbillets in Empfang zu nehmen. Ich begab mich alsdann sofort zu dem kommandierenden General, der nebst zwei anderen Generalen in dem Hause des Bürgermeisters *Schmidt* einquartiert war, um nach seinen ferneren Befehlen zu fragen. Er lobte unsere gute Ordnung und versprach mir nochmals feierlich, daß von seinen Soldaten kein Exzeß begangen werden solle. Dies geschah auch wirklich, und so endigte diese erste Begegnung der feindlichen und einheimischen Truppen, welche für unsere Stadt leicht zu unabsehbaren Folgen hätte führen können, zu allseitiger Zufriedenheit.

Als kurz darauf der Landsturm einberufen wurde, blieb auch mir nichts übrig, als meinen Sohn, der damals die Arzneikunst auf der Leipziger Universität studierte, nach Hause zu berufen. Er meldete sich nach seiner Rückkehr sogleich bei meinem alten Freunde, dem nunmehrigen Generalstabs-Chirurgus *Goercke*, der ihn als Apotheker notierte.

Es ergab sich jedoch eine Veranlassung, ihn bei mir zu behalten. Herr Landrat *v. Sellentin* hatte einen Plan ausgearbeitet, wonach die vermögenden Einwohner des Beeskow-Storkower Kreises beim Einrücken des Feindes mit allen ihren Habseligkeiten nach bestimmten Plätzen sich zurückziehen sollten. Mir war die Aufgabe zugedacht, mit den ärmeren Leuten in der Stadt zu bleiben, hier die nötigen Kundschaften einzuziehen und durch eine sichere und unverdächtige Gelegenheit mit dem Landrat zu korrespondieren. Nötigenfalls sollte mein Sohn, der mir als Sekretär beigegeben war, diese Rapporte mündlich erstatten, damit wir nicht verraten werden könnten. Gott sei gelobt, daß alle diese Vorsichtsmaßregeln nicht nötig wurden. Denn ich konnte mir nicht verhehlen, daß beim Vordringen des Feindes meine Stellung eine äußerst gefährliche geworden wäre. Ich hatte sie trotzdem unbedenklich angenommen, denn ich sagte mir: »Du bist alt und hast nicht mehr lange zu leben. Es ist daher gleichviel, wenn du auch einige Jahre früher für die gute Sache stirbst.«

Aus der seither verflossenen Zeit will ich nur ein für mich sehr freudiges Ereignis kurz erwähnen.

Am 18. Juli 1766 war ich in den preußischen Militärdienst getreten und hatte seit meiner Entlassung aus diesem ununterbrochen eine amtliche Stellung bekleidet, so daß ich also am 16. Juli 1816 mein fünfzigjähriges Dienstjubiläum feiern konnte. Auf Betreiben des Bürgermeisters *Schmidt* und einiger anderen Freunde hatte Herr Landrat *v. Sellentin* darüber an die königliche Regierung und diese an Seine Majestät den König berichtet.

Von beiden Stellen waren Glückwunschschreiben an mich erlassen worden, und es hatte Herr *v. Sellentin* seitens der Regierung den Auftrag erhalten, mir das Kabinettsschreiben öffentlich einzuhändigen.

Ich hatte über diese im geheimen betriebenen Vorbereitungen nicht den leisesten Wink erhalten. Als am 17. Juli meine in Drossen und Müllrose verheirateten Kinder eintrafen, nahm ich an, daß sie den Jubeltag in aller Stille mit mir feiern wollten. Auch als ich am Morgen dieses Tages durch ein Ständchen überrascht wurde, hielt ich das für eine Veranstaltung meiner Familie und schalt über dergleichen Possen. Gleichzeitig erschienen jedoch der Bürgermeister mit dem Magistrat, eine Deputation der Stadtverordneten und einige Freunde, unter ihnen Kammerrat *Kunicke* und Oberamtmann *Jaenicke*, um mir ihre Glückwünsche darzubringen. Bürgermeister *Schmidt* überbrachte mir überdies die Einladung, demnächst im Rathause zu erscheinen und später an einem gemeinschaftlichen Mahle im Schützenhause teilzunehmen.

Von einer Deputation des Magistrats nach dem Rathause abgeholt, traf ich daselbst den Landrat, die Stadtverordneten nebst den Justizbeamten der Stadt und mehrere dazu eingeladene Freunde und Bekannte feierlich versammelt. Herr *v. Sellentin* begrüßte mich mit einer Rede, verlas darauf das Schreiben der Regierung und, nachdem er es mit meiner Zustimmung erbrochen hatte, auch das Kabinettsschreiben und übergab mir unter herzlichen Glückwünschen die Originalien. Ich war von dem allen so betreten, daß ich nur einige Worte des Dankes stottern konnte. Zu Hause umhalsten mich meine Frau und meine Kinder und vergossen mit mir Tränen der Freude.

Auch zu dem Festessen im Schützenhause wurde ich von zwei Deputierten des Magistrats abgeholt. Beim Eintritt in den Saal wurde ich mit einer Girlande dekoriert. Bei der Tafel, an der etwa 60 Personen aus der Stadt und der Umgegend sich beteiligt hatten, saß ich gegenüber meinen Kindern zwischen Landrat und Bürgermeister; während das von meinem Freunde, dem Schulinspektor *Zarnack* in Potsdam auf mich gedichtete Festlied gesungen wurde, drückte mir jener einen Kranz von Eichenlaub aufs Haupt. Trotz aller Versuche, mich aufzumuntern, die namentlich von meinen Kindern gemacht wurden, blieb meine Stimmung eine ernste. Ich war bis zu Tränen gerührt.

Seit dieser Zeit sind in meinem Leben keine Ereignisse vorgefallen, die ich hier niederschreiben müßte. Ich bin jetzt 75 Jahre alt und seit der Einführung der Städteordnung durch dreimalige Wahl in meinem Amte bestätigt worden. Ich will diesem Posten, solange mir Gott die Kräfte dazu schenkt, weiter vorstehen und in Dankbarkeit für das Beste der Stadt sorgen. Ich wünsche von Herzen, daß mein Nachfolger mich durch seinen Fleiß sowie seine Pünktlichkeit und Beharrlichkeit übertreffen und sich die Liebe seiner Mitbürger erwerben möge.

Da ich bei meinem hohen Alter wichtige Erlebnisse nicht mehr zu erwarten habe, will ich diese meine Lebensbeschreibung hiermit abschließen.

Beeskow, den 1. Juni 1822 *Rouanet*

Der vorstehend abgedruckten Handschrift Rouanets sind von ihm noch einige Nachträge beigefügt worden, die jedoch nicht so interessant sind, daß sie im Wortlaut mitgeteilt zu werden verdienten. In einer Notiz vom 22. Juli 1833 verzeichnet der Verfasser, daß er am 31. Dezember 1827 (also im Alter von nahezu 81 Jahren) wegen andauernder Kränklichkeit sein Amt niedergelegt habe und mit einem Einkommen von 500 Talern bar, 24 Scheffeln Roggen, 11 Scheffeln Hafer und 39 Klaftern dreifüßigen Elsenholzes pensioniert worden sei. Andere Nachträge betreffen die Verhältnisse und Schicksale seiner Familie. Ein Anhang enthält eine Anzahl Briefe seiner Angehörigen in Frankreich, insbesondere seines Bruders und einiger Neffen, welche die vollste Liebe und Ehrerbietung gegen den nach Deutschland verschlagenen Verwandten atmen und ein erfreuliches Anwachsen des durch reichen Kindersegen ausgezeichneten Geschlechtes melden. Vermutlich blüht dieses noch heute im Languedoc. Von Pierre Rouanets eigenen Nachkommen sind männliche Sprossen seines Namens in Deutschland nicht mehr vorhanden, vielleicht jedoch in Rußland, wohin sein ältester Sohn im Jahre 1808 als Arzt übergesiedelt war.

Rouanets Todestag fällt nach Ausweis der Beeskower Kirchenbücher auf den 8. Oktober 1837.

Nachwort

Menschenwürde im Zeitalter der Aufklärung?

Der einträgliche Handel mit gewaltsam »angeworbenen« Soldaten ist ein makabres Symptom der absolutistischen Gesellschaft im 18. Jahrhundert. Viele europäische Herrscher, besonders aber deutsche Landesfürsten bedienen sich des Geschäfts, um ihre kostspieligen Mätressenwirtschaften und ihre machtpolitischen Bestrebungen zu finanzieren. Während die philosophische Avantgarde Europas die Idee der Aufklärung, das Recht des Individuums auf Selbstbestimmung, postuliert, erreicht der skrupellose Schacher mit Landeskindern seinen traurigen Höhepunkt: die britische Krone braucht Söldner, um die Unabhängigkeitsbewegung der amerikanischen Kolonisten niederzuschlagen. Der junge Schiller bringt das Thema in »Kabale und Liebe« auf die Bühne, und einige der Betroffenen berichten später, als sie in ein bürgerliches Leben zurückgefunden haben, in ihren Autobiographien darüber – Erlebnisberichte, die heute als kulturgeschichtliche Quellenwerke gelten.

Den treuherzigen Schweizer Ulrich Bräker erwischt 1756 ein preußischer Werbeoffizier, der ihn sogleich für Friedrichs II. erste Schlacht im Siebenjährigen Krieg (bei Lobositz) »bereitstellt«, aus der Bräker fliehen kann und sich im Toggenburg als Garnhändler und Baumwollweber niederläßt. 1781 greifen hessische Werber den redlichen Sachsen Johann Gottfried Seume auf und verhökern ihn an die Engländer; unter unsäglichen Strapazen wird er nach Amerika verfrachtet. Nach der Rückkehr desertiert er, wird jedoch sogleich von den Preußen eingefangen und kommt dann »auf Kaution« frei; als Verlagslektor und Publizist fristet er künftig sein Dasein. Eine Variante solcher Schicksale präsentiert Friedrich Christian Laukhard, ein abenteuersüchtiger entlaufener Pfarrer, der in preußischen Diensten an den Kriegen gegen das revolutionäre Frankreich teilnimmt und in fortgeschrittenen Jahren zur Ruhe und zum Schreiben findet.

In die Gruppe dieser Autoren gehört auch ein Mann, der noch keinen Platz in den Lexika gefunden hat, obwohl er in Frankreich und Preußen ähnliches erlebt und in fortgeschrittenem Alter ebenfalls regionalgeschichtliche Bedeutung erlangt hat: Jean Pierre Barthélemy Rouanet. Seine »Lebens-Erinnerungen« erschienen 1904, knapp siebzig Jahre nach seinem Tod, unter dem Titel »Von Toulouse bis Beeskow« zum ersten und bisher einzigen Male, ein Buch, das durchaus neben Laukhards »Leben und Schicksale«, Bräkers »Lebensgeschichte und natürliche Ebenteuer des armen Mannes im Tockenburg« und Seumes Bericht bestehen kann.

Rouanet, am 31. März 1747 im Languedoc als Sohn wohlhabender katholischer Eltern geboren, soll nach dem rigorosen Willen der Familie Geistlicher werden, wozu der umtriebige, stattliche junge Mann aber keinerlei Neigung verspürt. Auf dem Hintergrund politisch-religiöser Wirren in Südfrankreich ist der Student Rouanet weniger in den Hörsälen als bei Freß- und Saufgelagen anzutreffen, und mit sechzehn schon hoch verschuldet, läßt er sich bei einem Regiment anwerben. Und nun beginnt eine regelrechte Kampagne seines Vaters, ihn zum Theologiestudium zurückzuzwingen. Es ist unglaublich, mit welchen Repressalien er gegen den eigenen Sohn vorgeht. Er wird ins Gefängnis geworfen und mit lebenslanger Haft bedroht, und im Kerker inszeniert man allerlei Spuk, um den Jungen gefügig zu machen. Wieder sucht er Zuflucht bei der Armee, und wieder desertiert er, diesmal in die Schweiz. Und ausgerechnet dort, in Neuchâtel, gerät er einem preußischen Werber in die Hände und wird, todkrank, nach Potsdam geschleppt, bewacht wie ein Strafgefangener.

Ein Franzose in der Mark

Der gutaussehende, hochgewachsene Rouanet ist der ideale Gardesoldat, und er hat keine Chance, aus dieser preußischen Eliteeinheit wieder herauszukommen. Allerdings erkennen die Preußen den Wert ihrer »Erwerbung«, und er darf sich als Französisch-Lehrer für die Offiziere etwas zuverdienen, ja, er avanciert, nach einer Audienz bei König Friedrich in Sanssouci, sogar zum Lehrer am Potsdamer Pagenhaus; zeitweilig unterrichtet er in der Pensionsanstalt des Philanthropen Joachim Heinrich Campe. Während des Bayerischen Erbfolgekrieges (der im wesentlichen nur ein Krieg um Lebensmittel war und deshalb als »Kartoffelkrieg« in die Geschichte einging) wird er nach Breslau abkommandiert, wo er auch in bevorzugter Position lebt. Die Sonderstellung des jungen Franzosen in der preußischen Armee sichert ihm offensichtlich ganz solide, ja trotz angestrengter Arbeit angenehme Lebensverhältnisse. Er heiratet 1772 Sophia Charlotte Koehler, die Tochter eines Potsdamer Fleischermeisters, und nach ihrem frühen Tod (1776) deren Schwester Magdalena Friederika; beide Male wird er evangelisch getraut.

Nach zwölfjähriger Soldatenzeit mit vorwiegend ziviler Sprachlehrer-Tätigkeit wird er entlassen und erhält 1781 in dem märkischen Ackerstädtchen Beeskow eine zunächst recht bescheidene Stelle als Sachbearbeiter beim

Magistrat, ist den Querelen der Kleinstadtpolitiker ausgesetzt, steigt aber durch Zielstrebigkeit und Redlichkeit zum Kämmerer und Senator auf und erwirbt sich hohes Ansehen in dem kleinen Gemeinwesen. Eine dritte, 1786 geschlossene Ehe verbindet ihn mit der ein Dutzend Jahre jüngeren Tochter des Beeskower Arztes und Apothekers Joachim Gotthilf Horn und bedeutet seinen Aufstieg ins kommunale Establishment. Rouanets »große Zeit« kommt mit den »Franzosenjahren«, von 1806 bis 1813, als napoleonische Truppen auch Brandenburg besetzen und rücksichtslos ausplündern. Der Franzose Rouanet versteht den Umgang mit seinen raubgierigen Landsleuten und deren Verbündeten und kann größeres Unheil von seiner Stadt abwenden, die sich seiner heute noch dankbar erinnert; das Grab wird gepflegt, eine Straße ist nach ihm benannt. Fontane hat recht, wenn er gelegentlich notiert: »Beeskow ist nicht so schlimm, als es klingt.«

Allseits geachtet, durch verschiedene Ämter zusätzlich abgesichert und mit »500 Talern bar, 24 Scheffeln Roggen, 11 Scheffeln Hafer und 39 Klaftern dreifüßigen Elsenholzes« pensioniert, schreibt Rouanet auf seine alten Tage die Erinnerungen an sein turbulentes, aber am Rande der großen Ereignisse verlaufenes Leben nieder. Mit der Vertreibung Napoleons schließt er seinen chronologischen Bericht; nur die Feierlichkeiten zu seinem fünfzigjährigen Dienstjubiläum im Jahre 1816 trägt er noch ausführlich nach, und es ist rührend, zu sehen, daß er nun problemlos den unfreiwilligen Beginn im preußischen Militärdienst als Teil seiner märkischen Karriere versteht. Aus seinen letzten Jahren sind lediglich sporadische Notizen nachzuweisen. Am 8. Oktober 1837 stirbt er, der ein Lebenlang kränkelte, im biblischen Alter von neunzig Jahren. Durch die zahlreichen Kinder des Beeskower Rouanet, aber auch durch die weitverzweigte französische Verwandtschaft tauchen Rouanets in Dresden und Freiberg, in Frankreich, Rußland und (bis heute) in Brasilien auf.

Die Aufzeichnungen des Johann Peter Bartholomäus Rouanet – in den Beeskower Dokumenten finden sich durchweg die deutschen Vornamen – sind in erster Linie für die eigene Familie bestimmt; an eine Veröffentlichung hat er mit Sicherheit nicht gedacht. Anspruchslos und ohne alle literarische Ambition schreibt er seine Erlebnisse auf. Gleichwohl bieten die Memoiren eine spannende Lektüre, zumal ihm mehrfach darstellerische Kabinettstücke gelingen – das Studententreiben in Toulouse, die Desertion in die Schweiz und vor allem die beschwerliche winterliche Übersiedlung von Potsdam über Köpenick nach Beeskow im Dezember 1781. Manchmal verfährt er sehr pauschal, mitunter aber auch mit frappierender Präzision. Mit sichtlichem Vergnügen erzählt er, wie ihn die Frauen umworben haben, andererseits bleibt zum Beispiel das Schicksal seiner zweiten Frau im dunklen, die am 5. April 1786 an der Schwindsucht stirbt; schon im August des gleichen Jahres heiratet er Dorothea Luise Horn.*

Bei aller Selbstbescheidung des Autors, bei allem privaten Charakter dieser Erinnerungen entsteht ein vielfach facettiertes Zeitbild aus zwei Jahrhunderten und das Lebensbild eines Mannes, der nach einer schwierigen Jugend in Frankreich siebzig Jahre in Preußen gelebt und segensreich gewirkt hat – ein Kapitel französisch-deutscher Kulturgeschichte von eigentümlich individuellem Reiz.

* Klaus Koldrack (Magdeburg) hat durch Recherchen in den Kirchenbüchern der evangelischen Kirchengemeinde Beeskow zahlreiche familiengeschichtliche Fakten ermittelt, die hier teilweise dankbar verwertet werden. Vgl. Koldracks siebzehnteilige Artikelserie »Jean Pierre Barthélemy Rouanet – ein Beeskower aus Frank-

Bei alledem gewinnen diese »Lebens-Erinnerungen« ein zusätzliches und spezielles Interesse durch den Umstand, daß Rouanet zum engeren familiären Umkreis Theodor Fontanes gehört – er war der Großvater von Emilie Fontane. Die Zusammenhänge sind nicht ohne Pikanterie; sie konstituieren Emilies »romanhafte Lebensgeschichte«, von der Fontane einmal am Vorabend seiner Hochzeit spricht. In Rouanets dritter Ehe, mit Dorothea Luise Horn, wird 1790 als viertes von fünf Kindern Thérèse Charlotte Wilhelmine geboren, die in sehr frühen Jahren den Pfarrer Johann Heinrich Müller in Müllrose heiratet und sechs Kinder mit ihm hat, von denen drei überleben. Müller stirbt 1817. Aus einer Liaison der jungen Pfarrerswitwe mit dem Beeskower Militärarzt Georg Bosse geht ein Kind hervor, das am 14. November 1824 »in Dresden, heimlich, zu keines Menschen Freude« geboren wird, wie dieses Kind, die spätere Emilie Fontane, einmal schreiben wird. Emilie, die illegitime Enkelin Rouanets, ist die Halbschwester von Clara, Marie und Hermann Müller. Ob Rouanet von dem illegalen Sprößling überhaupt erfahren hat, ist unbekannt; wahrscheinlich ist es nicht, zumal die Kleine, 1827 von Karl Wilhelm Kummer in Berlin adoptiert, sozusagen aus der familiären Schußlinie genommen wurde. Wie dem auch sei: Emilie Rouanet-Kummer ist ein Abkömmling des französischen Katholiken Rouanet, und ihr späterer Mann, Theodor Fontane, ging selbstverständlich davon aus, daß »etwas Südfranzösisches auf sie übergegangen« sei. Er spielt gelegentlich auf die doppelte

reich«, in: Märkische Oderzeitung – Spree-Journal, 18. September bis 13. Oktober 1997. Auch dem früheren Leiter des Theodor-Fontane-Archivs Potsdam, Herrn Manfred Horlitz, danke ich für Hinweise aus dem Militärkirchenbuch der Potsdamer Garnisonskirche.

Herkunft aus dem märkischen Provinznest und dem traditionsreichen Languedoc an und schreibt am 23. Juli 1883, in ironischer Wertung der beiden ungleichen Komponenten, an seine Frau: »Du bist, nicht nur Deiner tatsächlichen Abstammung, sondern auch Deinem ganzen Menschen nach, halb aus Beeskow und halb aus Toulouse. Hast Du Deinen Toulouser Tag, so hat die Desteuque [eine Bekannte, die Emilie eine »körperlich und moralisch überaus graziöse Frau« genannt hatte], vollkommen recht, hast Du Deinen Beeskower, so hapert es. Ich bin Dir aber das Zeugnis schuldig, daß, wenn nicht kleine Verhältnisse Dich niederdrücken, der Toulouser Tag vorherrscht. Am toulousesten bist Du, wenn gut Wetter im Kalender steht, in Deinem eignen Hause.«

Kuriose Editionsgeschichte

Als Fontane in den neunziger Jahren sein Leben zu überschauen und dann die Jahre »von zwanzig bis dreißig« zu beschreiben beginnt, widmet er auch dem Großvater seiner Frau einen kurzen Abschnitt, der sich in den Einzelheiten mehrfach als ungenau erweist, insgesamt aber ein zutreffendes Porträt zeichnet. Fontane hebt die Geradlinigkeit von Rouanets Charakter hervor und sagt: »Er war hochherzig, hatte sich die schönen, leider so oft zur Karikatur verzerrten Grundsätze der Aufklärungszeit zu eigen gemacht und handelte danach, oft in sehr schweren Lagen.«

Ob Fontane Rouanets Autobiographie gelesen hat, läßt sich nicht sagen, obwohl sie, so scheint es, in seinem Besitz gewesen ist. Aus den Unterlagen des teilweise erhaltenen Archivs des Verlages F. Fontane & Co.* (also

* Es befindet sich im Theodor-Fontane-Archiv Potsdam, das freundlicherweise die Benutzung gestattete.

des damals erfolgreichen Unternehmens von Fontanes jüngstem Sohn Friedrich) geht hervor, daß er das Rouanetsche Original einer Nichte seiner Frau »hinterlassen« habe: Anna Trumpff, geb. Fels, der Tochter aus der Ehe des Arztes Moritz Fels mit Emilies Halbschwester Marie Müller, also einer Urenkelin Rouanets. Angeblich habe Anna Trumpff das Manuskript von Martha Fontane, Fontanes Tochter, inzwischen mit dem Architekten K. E. O. Fritsch verheiratet, bekommen.

Damit beginnt ein merkwürdiges Verwirrspiel, das, bisher unbekannt, eine weitere Variante in die querelenreiche Geschichte des Fontaneschen Nachlasses bringt. Der Schwiegersohn von Anna Trumpff nämlich, Hauptmann von Rabenau, seines Zeichens Militärlehrer an der Hauptkadetten-Anstalt in Groß-Lichterfelde bei Berlin, erkennt den Wert des Rouanet-Manuskripts und will es bearbeiten und herausgeben; ihn fasziniert das »Lebensbild aus zwei Ländern und zwei Jahrhunderten«, und ihm schwebt ein illustriertes Buch für die Jugend vor. Er bittet seinen Vetter Carl Geibel vom Verlag Duncker & Humblot um ein Gutachten. Geibel lehnt das Projekt für seinen Verlag ab, sieht darin aber, wie er in einem Brief an Rabenau vom 20. September 1903 bemerkt, einen »dankbaren Stoff zu einem Volks- und Soldatenbuch für junge Männer von 16–18 Jahren«. Durch dieses Urteil ermuntert, beginnt Rabenau mit der Redaktion und wendet sich am 5. April 1904 an den Verlag von F. Fontane & Co.

Von dort erfährt er, daß die Herausgabe der Rouanet-Memoiren von »Frau Prof. Fritsch«, das heißt von Martha Fontane, längst besorgt worden und bereits im Druck sei. Rabenau zeigt sich in seinem Brief vom 8. April 1904 sehr überrascht und stellt fest: »Ich habe die Originalaufzeichnungen Rouanets in Händen. Meine Schwiegermutter, Frau Trumpff, hat sie, wenn ich nicht irre, von Ihrer Frau Schwester erhalten. Eine Äußerung Ihres Herrn Schwagers [Fritsch] meiner Schwiegermutter gegenüber, die Aufzeichnungen verdienten herausgegeben zu werden, ließ mich diesem Gedanken nähertreten.« Er sei, fügt Rabenau hinzu, wegen beruflicher Verpflichtungen nicht zur Bearbeitung gekommen, sonst wäre das Buch bereits Weihnachten 1903 erschienen.

Angesichts dieser verworrenen Lage stellt sich die Frage, wer eigentlich die wirklichen »Originalaufzeichnungen« zur Verfügung hatte. Rabenau kann es für sich glaubhaft machen, aber es gibt andererseits den Vertrag zwischen »Frau Professor Martha Fritsch« und dem Verlag F. Fontane & Co. vom 4. bzw. 6. Januar 1904, und auf dieser Grundlage haben Martha und K. E. O. Fritsch die Edition vorbereitet (das Vorwort ist schon vom 30. Dezember 1903 datiert) – aber nach welcher Vorlage? Tatsache ist, daß das Buch Ende April 1904 fertig war und unter dem Titel »Von Toulouse bis Beeskow. Lebens-Erinnerungen von Jean Pierre Barthélemy Rouanet« ausgeliefert worden ist (Rabenau bedankt sich am 3. Mai für ein Exemplar). Gab es eine Abschrift? Und wo ist die Handschrift geblieben? Nach den Papieren des Verlagsarchivs verlieren sich die Spuren in den zwanziger Jahren des 20. Jahrhunderts bei Verwandten in Leipzig und Görlitz.

Martha Fritsch sagt in ihrem Vorwort nichts dazu, erläutert nur die Prinzipien ihrer Bearbeitung, gibt ein behutsam abgewogenes Bild ihres Urgroßvaters und charakterisiert die Art seiner Memoiren – wobei nicht zu entscheiden ist, ob Redaktion und Vorwort wirklich von der gesundheitlich angeschlagenen Martha oder von ihrem Mann besorgt wurden, der ja auch andere Nachlaß-Publikationen Fontanes betreut hat. Auffällig ist, wie forsch das Vorwort »die Umwandlung des leichtsinnigen jungen Franzosen in einen nützlichen Bürger seines neuen Vaterlandes« durch die »strenge Schule« der friderizianischen Armee hervorhebt.

Parallel zum Druck des Rouanet-Buches entsteht ein Streit um die Verwertungsrechte. Im genannten Vertrag vom Januar 1904 scheint die rechtliche Welt noch in Ordnung: »Frau Professor Fritsch, welcher das Verfügungsrecht über das Memoirenwerk ›Rouanet: Von Toulouse bis Beeskow‹ zusteht, überträgt das Verlagsrecht dieses Werkes der Firma F. Fontane & Co. für sämtliche Auflagen und Ausgaben.« 1 000 Exemplare sollen für den Verkauf gedruckt werden, und Frau Fritsch steht die Hälfte des Reingewinns zu. Die Korrespondenz mit Rabenau indes veranlaßt den Verlag, den Vertrag zu modifizieren und zu ergänzen und Anna Trumpff und Schwiegersohn Rabenau sowie Anna von Below, eine andere Nichte Emilie Fontanes, mit einzubeziehen. In einem Briefentwurf vom 22. April erklärt sich Fritsch mit dieser neuen Regelung nicht einverstanden, vor allem möchte er die »wohlhabende Trumpffsche Familie« ausgeschlossen wissen.

Dies war eine Debatte um des Kaisers Bart, denn die Ausgabe war alles andere als ein Erfolg. Zwei Jahre nach Erscheinen erkundigt sich Martha Fritsch beim Verlag und erfährt unter dem 4. April 1906, daß »leider auf dem Rouanet-Buche noch kein Reingewinn zu verzeichnen ist. Die Unkosten des Werkes [...] belaufen sich auf M. 765,10, demgegenüber bis 30. Juni 1905 nur eine Einnahme von M. 226,95 steht. Es ist demnach noch eine Differenz von M. 538,15, die sich aber nur schwer einbringen lassen wird, weil der Verkauf des Buches fast vollständig brachliegt.« Amüsant liest sich, wie realistisch der Verlag die Absatzchancen beim bevorstehenden Beeskower Stadtfest beurteilt: »Die 350jährige Jubelfeier der Stadt Beeskow wird voraussichtlich wohl auch nicht den Absatz des Buches heben, weil die Haupt-

Attraktionspunkte des Festes wohl doch in Frühschoppen, Konzerten und leiblichen Genüssen wurzeln werden. Literarische Liebhaber werden u. E. in dem ärmlichen Beeskow ebensowenig zu finden sein wie unter den Mitgliedern des Festausschusses.«

Das war vor hundert Jahren. Jetzt erscheinen die Erinnerungen Rouanets zum zweiten Male, und sie kommen in ein ganz anderes Umfeld. Die Geschichte der Mark Brandenburg, auch in ihren kleinen Städten und ihren preußischen Traditionen, findet durch die politischen Veränderungen in Deutschland wieder vielfach Aufmerksamkeit. Und vor allem: Theodor Fontane ist heute ein erfolgreicher, vielgelesener Klassiker, bei dem auch entlegenere familiengeschichtliche Details auf ganz anderes Interesse stoßen.

Gotthard Erler

Vorwort zur ersten Ausgabe

Pierre Rouanet, der einstmalige Kämmerer von Beeskow, dessen Erinnerungen hier mitgeteilt werden, hat weder zu den hervorragenden Persönlichkeiten seiner Zeit gehört, noch ist es ihm beschieden gewesen, unmittelbarer Zeuge wichtiger geschichtlicher Ereignisse zu sein. Auch kann die nüchterne Art seiner Erzählung, die sich auf eine schlichte Aneinanderreihung der für ihn bemerkenswerten Erlebnisse beschränkt, literarische Ansprüche kaum erheben.

Trotzdem erscheinen diese von ihm hinterlassenen, zunächst nur für seine Familie bestimmten Aufzeichnungen einer Veröffentlichung nicht unwert. Es sind immerhin ungewöhnliche Schicksale, die den Sprößling einer angesehenen und begüterten Toulouser Familie in die Hände preußischer Werber und in die Armee Friedrichs des Großen geführt haben. Und mit einiger Genugtuung wird man verfolgen, wie schnell sich in dieser strengen Schule die Umwandlung des leichtsinnigen jungen Franzosen in einen nützlichen Bürger seines neuen Vaterlandes vollzogen hat, der im Bewußtsein treuer Pflichterfüllung auch mit einem bescheidenen Lose sich zufriedengab. Nicht am wenigsten werden schließlich die Einblicke in so manche Seiten der zu jener Zeit in Frankreich und Preußen herrschenden Zustände interessieren, die sich dem Leser hier und da eröffnen und die um so zuverlässiger sein dürften, als dem Verfasser jede Absicht einer kulturgeschichtlichen Schilderung sicherlich ferngelegen hat.

Übrigens hat schon mein Vater, *Theodor Fontane*, in seinem letzten Werke: »Von Zwanzig bis Dreißig« des »alten Rouanet«, als des Großvaters seiner Frau, gedacht und ein kurzes Lebensbild von ihm gegeben. Doch ist dieses Bild wohl nur auf Grund mündlicher Überlieferungen entworfen worden und enthält daher manche Einzelheiten, die durch die eigenen Angaben Rouanets nicht bestätigt werden. –

Die Fassung, in welcher die Aufzeichnungen meines Urgroßvaters zum Abdruck gelangt sind, ist – wie hier ausdrücklich bemerkt werden mag – nicht mehr ganz die ursprüngliche. Obgleich dieser, als er sie niederschrieb, bereits 55 Jahre in Deutschland weilte, war seine Herrschaft über unsere Sprache noch immer eine unvollkommene. Eine leichte Überarbeitung des Originals war daher nicht zu umgehen. Auch schien es angezeigt, gleichzeitig manche offenbaren Irrtümer und Widersprüche zu beseitigen, verschiedene allzu weitschweifige Schilderungen zusammenzuziehen und einige kleine, aus sicherer Quelle geschöpfte Ergänzungen hinzuzufügen. Sollte der altertümliche Eindruck der Schrift dabei gelitten haben, so ist ihr doch hoffentlich das Wichtigere, ihr eigenartiges persönliches Gepräge, gewahrt geblieben.

Waren i. M.,
den 30. Dezember 1903 *Martha Fritsch*

Anmerkungen

Die Anmerkungen, die keine Vollständigkeit anstreben, folgen teilweise den in der Erstausgabe als Fußnoten beigefügten, meist historisch aufschlußreichen Erläuterungen; sie sind mit AdE (Anmerkung der Erstausgabe) gekennzeichnet.

13 *der unglückliche Calas* – Der Toulouser protestantische Kaufmann Jean Calas (1698–1762) wurde des Mordes an seinem ältesten Sohn bezichtigt, weil dieser zum Katholizismus hatte übertreten wollen, und wurde am 9. März 1762 gerädert; in Wahrheit hatte der gemütskranke Sohn Selbstmord begangen. Calas' Witwe floh in die Schweiz und wurde von Voltaire unterstützt, der die Hinrichtung Calas' als Justizmord anprangerte. 1765 mußte das Parlament Calas rehabilitieren. Der Vorgang erregte europaweit Aufsehen.

20 *démêlé* – (franz.) Streit.

21 *Mariä Verkündigung* – 25. März (1763).

25 *Engagement protocole* – (franz.) Schriftlich beglaubigte Anwerbung.

27 *petit maître* – (franz.) junger Herr.

39 *Schönfärber* – In alter Bedeutung: Färber.

46 *Fiskal* – Hier in alter Bedeutung: Staatsanwalt.

88 *Taler* – Der Taler zählte damals 24 Groschen.

Helmholtz – »Vielleicht ein älterer Anverwandter unseres großen Hermann v. Helmholtz, der bekanntlich in Potsdam geboren ist.« (AdE). Der Physiologe und Physiker Hermann von Helmholtz (1821–1894) wirkte vor allem an der Berliner Universität.

95 *Rhodich* – Friedrich Wilhelm von Rodich (1719–1796), General der Infanterie, wurde 1787 Staats- und Kriegsmini-

ster. »Das Andenken an diesen besonderen Gönner Rouanets, der auf dessen weitere Schicksale entscheidenden Einfluß ausgeübt hat, wird in Potsdam und Berlin noch heute durch sein Vermächtnis an das erste Garderegiment zu Fuß, das v. Rhodichsche Legatenhaus in Berlin, Pariser Platz Nr. 3 und 3a, erhalten.« (AdE)

98 *Campe* – Joachim Heinrich Campe (1746–1818), Schriftsteller und philanthropischer Pädagoge, war 1773–1776 Feldprediger in Potsdam (in dieser Zeit unterrichtete er auch Wilhelm und Alexander von Humboldt), bevor er 1776 die Leitung des von Johann Bernhard Basedow (1723 bis 1790) in Dessau begründeten Philanthropinums übernahm und später Schulrat in Hamburg und Braunschweig wurde. Europäischen Erfolg erzielte seine Defoe-Bearbeitung »Robinson der Jüngere. Ein Lesebuch für Kinder« (1779/80).

101 *Roeder* – Friedrich Adrian Dietrich von Roeder (1730 bis 1802), preußischer Generalleutnant, war Kommandeur des Garde-Grenadierbataillons.

Goercke – »Johannes Goercke, damals noch Kompaniechirurgus und wahrscheinlich derselbe, der Rouanet bei seiner im vorangehenden erwähnten Krankheit ärztliche Hilfe geleistet hatte, hat sich später in den Kriegen von 1792–1815 als genialer Organisator des Militärsanitätswesens ausgezeichnet. Er ist der Gründer der Pepinière in Berlin.« (AdE) Die Pepinière, 1795 gegründet, später Kaiser-Wilhelm-Akademie genannt, war eine Ausbildungsstätte für Sanitätsoffiziere. Goercke starb 1822.

120 *Mühlendamm* – Auf dem Mühlendamm, der ältesten Berliner Brücke, die die Nachbarorte Berlin und Cölln verband, befanden sich damals Verkaufsstände und Geschäftskolonnaden.

123 *Beeskow* – »Beeskow, der Sitz des Landratsamtes für den heute zum Regierungsbezirk Potsdam gehörigen Kreis Beeskow-Storkow, liegt etwa vier Meilen südwestlich von Frankfurt a. O. am mittleren Laufe der dort schon schiffbaren Spree. – Über die Verhältnisse der Stadt zu der Zeit, als der Verfasser dieser Lebenserinnerungen in

ihr seine Heimat fand, gibt ein aus den Jahren 1784–86 stammender, von Rouanet selbst mitunterzeichneter Magistratsbericht, der in der ›Chronik der Stadt Beeskow‹ (1884) abgedruckt ist, willkommenen Aufschluß. Der Ort, der seine mittelalterlichen Befestigungsmauern und Türme bis heute sich erhalten hat, zählte mit den Vorstädten damals 412 Häuser; außerhalb des Weichbildes besaß er noch eine Feldmark von 6400 Morgen und zwei Kämmereidörfer. Seine Einwohnerzahl, etwas mehr als 4000, entsprach ungefähr der heutigen, wies ihm jedoch unter den Städten der damals nur schwach bevölkerten Mark einen wesentlich höheren Rang an, als er gegenwärtig einnimmt. Hatten doch zu gleicher Zeit Potsdam (ohne Garnison) nur 14000, Brandenburg sowie Frankfurt a. O. nur je 10000, Neustadt-Eberswalde nur 2400, Köpenick nur 1300 Bewohner usw. Eine Haupterwerbsquelle der Bürgerschaft bildete neben Viehzucht und Ackerbau die Tuchfabrikation, die von 190 selbständigen Meistern betrieben wurde. Daneben blühten einige kleinere Industrien; an Schiffern waren 30 vorhanden. Für einen lebhaften Verkehr sorgte die Lage der Stadt an der alten, von den nordöstlichen Landesteilen über Frankfurt a. O. nach Leipzig führenden Handelsstraße, namentlich vor und nach den in diesen beiden Städten abgehaltenen Messen. Auch hatten vor den napoleonischen Kriegen in der Stadt einige Husarenschwadronen garnisoniert. – Heute ist Beeskow, das erst vor verhältnismäßig kurzer Zeit durch eine Nebenbahn an das Schienennetz des Landes angeschlossen ist, ein stilles, in einen Kranz von Gärten eingebettetes Städtchen, dem nur seine liebliche landschaftliche Lage und die in ihm erhaltenen Reste mittelalterlicher Baukunst einigen Reiz und eine gewisse Bedeutung verleihen.« (AdE) Die Stadt ist am Ende des zweiten Weltkrieges stark zerstört worden. Die Stadtmauer blieb zu großen Teilen erhalten. Am Wiederaufbau der spätgotischen Stadtkirche St. Marien wird gearbeitet; die Burg ist wichtige kulturelle Veranstaltungs- und Sammelstätte.

123 *Gasthof zum »Weißen Schwan«* – »Dieser Gasthof, der in den Erinnerungen des Verfassers weiterhin noch eine rühmliche Rolle spielt, besteht bis heute unter dem gleichen Namen und in einer Gestalt, die gegen die damalige wahrscheinlich nur wenig verändert ist.« (AdE)

124 *vier Magistratspersonen* – »Nach dem oben erwähnten Bericht aus den Jahren 1784–86 war der Magistrat aus fünf Mitgliedern zusammengesetzt: dem Bürgermeister (consul dirigens), dem Kämmerer (camerarius), dem Polizeibürgermeister, dem Stadtsekretär und einem zugleich als Kanzlist beschäftigten Senator.« (AdE)

meines künftigen Einkommens – »In dem wiederholt angeführten Bericht ist das feste Gehalt des Senators und Kanzlisten mit 53 Talern 12 Groschen in bar, 10 Scheffeln und 6 1/5 Metzen Roggen und einer entsprechenden Menge Brennholz angegeben. Vermutlich wurde daneben jede einzelne Arbeit besonders bezahlt.« (AdE)

128 *meinem nachherigen Schwager* – »Es ist dies die einzige Bemerkung, in welcher angedeutet ist, daß der Verfasser während seines Aufenthaltes in Beeskow auch seine zweite Frau verloren und noch einmal sich verheiratet hat. Offenbar hat er es nicht für notwendig gehalten, Ereignisse zu erwähnen, deren Kenntnis er bei seinen Familienmitgliedern als selbstverständlich voraussetzen konnte. – Seine dritte Frau, Dorothea Luise Horn, Tochter des Dr. med. und Apotheker Horn in Beeskow, ist ihm am 15. Juli 1787 angetraut worden.« (AdE). Die Hochzeit fand am 15. August 1786 statt, vier Monate nach dem Tod der zweiten Frau.

136 *erlassenen Reskripts* – »Es macht diese Motivierung unwillkürlich den Eindruck, als sei sie wörtlich einem ›Marginal-Reskript‹ des ›alten Fritz‹ entlehnt worden.« (AdE)

140 *Lilienberg* – »In der ›Chronik von Beeskow‹ wird der Name dieses Generals als ›v. Liljenström‹ angeführt. Der Regimentskommandeur war nach derselben Quelle ein Oberst v. Berndes.« (AdE)

145 *Equigages militaires* – (franz.) Militärische Fuhrwerke.

151 *Lasten und Opfer* – »Nach der ›Chronik von Beeskow‹ hat die Stadt vom November 1806 bis zum 21. Mai 1809 an Verpflegungsgeldern und Requisitionen für die durchziehenden französischen und Rheinbundstruppen insgesamt 28200 Taler aufbringen müssen.« (AdE)